シリーズ「遺跡を学ぶ」170

縄文の山岳農耕民

井戸尻遺跡群

樋口誠司

新泉社

縄文の山岳農耕民

―井戸尻遺跡群―

樋口誠司

【目次】

編集委員
勅使河原彰（代表）
小野　昭
小野正敏
石川日出志
小澤　毅
佐々木憲一

装　幀　新谷雅宣
本文図版　松澤利絵

第1章　八ヶ岳山麓の縄文遺跡

山麓の自然と環境

本州のほぼ中央に位置する八ヶ岳。赤岳を主峰とする標高三〇〇〇メートル級の山岳はさまざまな形容をなし、南北方向に長く連なる。そして成層火山特有のゆるやかな裾野を広げ、標高八〇〇から一三〇〇メートル前後の高原地帯を形成している（図1）。

その裾野の末端は、フォッサマグナの西端にあたる糸魚川—静岡構造線に沿って走る釜無川《かまなし》や宮川《みや》などによって区切られ、JR中央本線の富士見駅から西へ二キロあたりが分水嶺で、いくつかの支流をとり込んで富士川と天竜川へそれぞれ流れ下っている。

この東西一〇キロ、南北二〇キロにおよぶ広大な裾野は、大小の河川や沢によって仕切られ長峰状の地形をなし、ここらあたりではそれを「尾根」とよぶのが一般的である。そして立場《たつば》川を境に、尾根が西にむく地域を西麓、南にむく地域を南麓とよび分け、両者をあわせて八ヶ岳西南麓とよんでいる。

この八ヶ岳西南麓には縄文時代の遺跡が数多くあって、標高八〇〇から一〇〇〇メートルの裾野をとり巻くように尾根の平坦部や縁辺に残されている（図２）。なかでも縄文中期の遺跡が密集していることはよく知られており、とりわけそのなかでも、ここ富士見町を中心に北杜《ほくと》市、原《はら》村、茅野《ちの》市におよぶ一帯は、発掘された集落跡やさまざまな器種からなる石器や土器造形などから、高い文化水準を有していたことがわかってきた。

核となる四つの地域

二〇〇四年の夏から秋にか

図１●「縄文王国」の中心舞台
矢印が井戸尻遺跡。井戸尻遺跡群はそこを中心に３kmほどの範囲（写真の右端から左端を少しはみ出す程度）に広がっている。手前を流れるのは釜無川。

けて井戸尻《いどじり》考古館が開催した「井戸尻発掘三十周年記念」の座談会では、八ヶ岳西南麓を中心に甲府盆地、諏訪湖周域、松本平、伊那谷にいたる、前期から晩期までの遺跡を六区一三群としてまとめた。

このうち北杜市、富士見町、原村、茅野市の西南麓一帯には三〇〇カ所以上の縄文遺跡が存在し、大きく四つの区域に分けられることを確認した（図2）。これを南麓側から眺望すると、つぎのようになる。なお、各群の名称は、群を代表する中期の遺跡名をふしている。

①甲ツ原《かぶつっぱら》・酒呑場《さけのみば》遺跡群：茅ヶ岳《かやがたけ》西麓域にあたる北巨摩《きたこま》郡の地域。須玉《すたま》川や塩《しお》川、釜無川をまたいで遺跡が広がっている。

②井戸尻遺跡群：八ヶ岳南麓。北は立場川、南は鹿ノ沢《かさわ》川にはさまれた編笠《あみがさ》山麓の地域。尾根は西から南にむく。

③前尾根《まえおね》遺跡群：八ヶ岳西麓。中・小河川によって開析されたなだらかな長尾根が特徴の地形で、尾根は西へむく。

④尖石《とがりいし》遺跡群：八ヶ岳西麓。柳川《やながわ》を境にして、その北側の山浦《やまうら》地域。八ヶ岳と霧ヶ峰の山塊にかこまれた袋状の地理的景観を有する。

これら四地域には、後で紹介するように縄文中期はもとより、前期、それに後・晩期の主要な遺跡が存在することも重要な要素として記憶しておかなければならない。連綿として集落は継起して、星団のように遺跡群を遺している。それなりに血脈はつづいて、幾世代にもわたって文化を遺し、その時間の厚みが地域の固有な歴史を形づくっているのである。

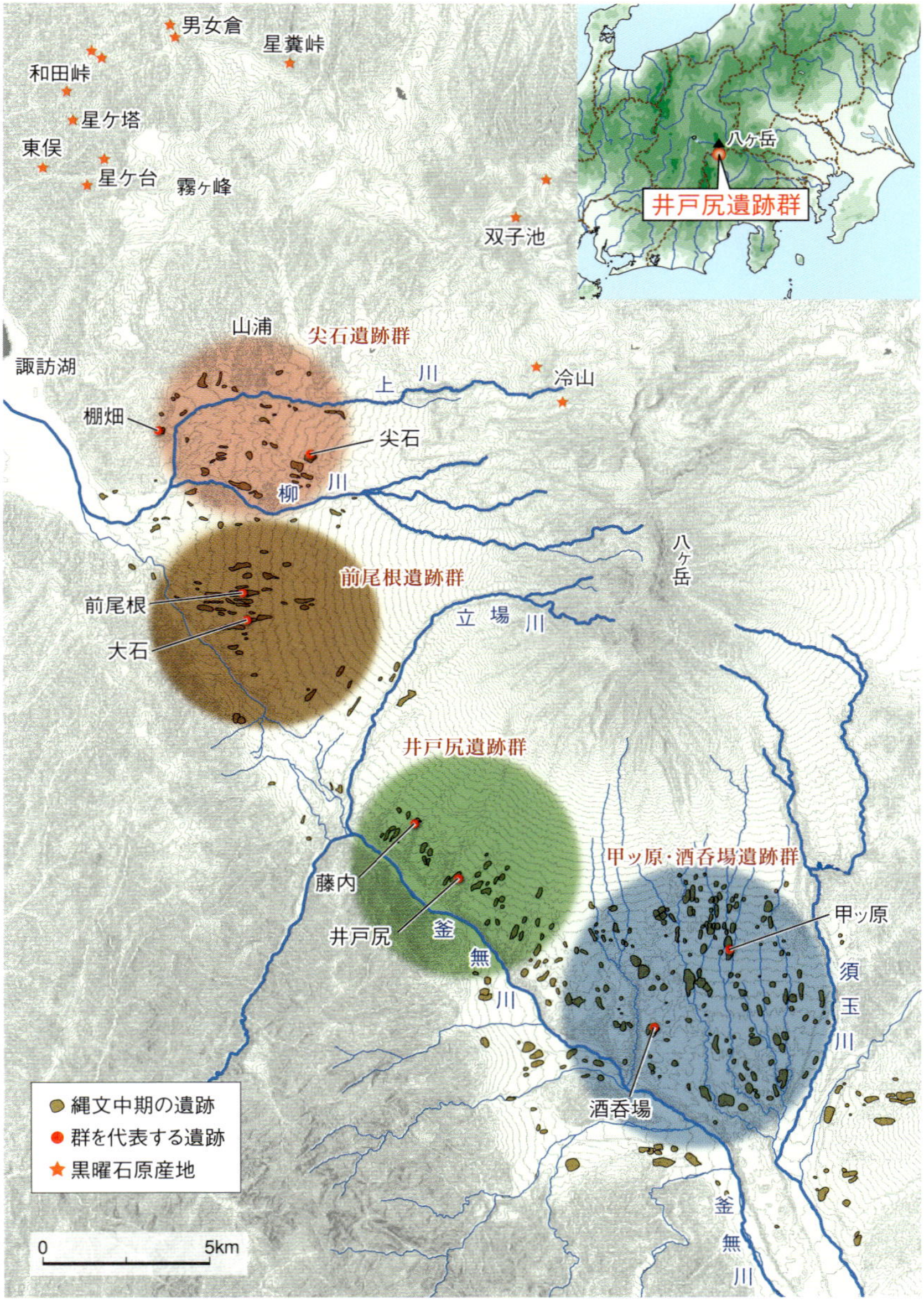

図２●八ヶ岳西南麓の縄文中期の４つの核地域と井戸尻遺跡
八ヶ岳南麓には星団のように多数の遺跡があり、なかでも井戸尻遺跡群は土器造形をはじめ文化の中心であった。

山岳民族というとらえ方

これらの遺跡を遺した人びとについて、著名な考古学者鳥居龍蔵は、一九二四年（大正一三）刊行の『諏訪史』第一巻で、「器肉の厚い土器を厚手派と呼び、山岳地帯に住む厚手派民衆または山岳住民だ」と記している。また別の論文では「山岳狩猟民」という用語を用いて中部高地の遺跡群をとらえている。こうした考えにおよんだのは、鳥居みずからがおこなった台湾の民族調査が背景にあった。

諏訪を代表する在野の考古学者で諏訪考古学研究所を主宰し、井戸尻遺跡群の発掘調査で中心的役割を担うことになる藤森栄一は、一九四七年の「器具の発展について」（未発表、『藤森栄一全集』一五巻〈学生社、一九八五年〉に所収）のなかで、つぎのように述べて、山岳地方と海岸地方を対比して生業の差をとらえようとした。

「しかしながら、そのうちにあっても山岳地方に集団し、草原や森林の環境におかれた人々と、海岸地方に盤踞《ばんきょ》して海浜や沼沢の環境を与えられた人々とでは、これが果たして同じ文化期に消長した生活であろうかと疑わせるほどにも相違しているのである。」

同じく諏訪出身で東京教育大学や上智大学の教授であった考古学者の八幡《やわた》一郎は、一九六四年の「勝坂《かつさか》式文化圏の中心」（『信濃』一六巻五号）で、相模原台地の勝坂遺跡で発掘された勝坂式土器について、「本州中部の山地帯、殊に関東山脈・赤石山脈並びに木曽山脈などの南走する山脈が形成する山地に拡がっているのであるから、中央脊稜《せきりょう》山脈の南斜面に位置する」と、その分布の特徴を記している（図3）。この八幡が唱えた「勝坂式文化圏」は、鳥居が示した「山岳狩猟民」文化にあたるといってよいだろう。

一方、民俗学者の宮本常一は「山と人間」(『民族学研究』三二巻四号、一九六八年)で、近畿から四国、九州地方にいたる、水田をもたずに焼畑《やきはた》・定畑《じょうばた》をして生計をたて、緩傾斜面に生活する民族を、「山岳民」ととらえている。なかでも遠山郷《とうやま》とよばれている長野県下伊那郡上《かみ》村下栗《しもぐり》集落をとりあげ、峡谷の緩傾斜地での生活を山岳民であると述べている。

これらのことから、表現の差はあれ、かつての学者たちは、「信州は山国である」「山に暮らす人びとの文化があった」という共通した認識をもっていたことがわかる。

峠を越えるとそこは

たしかに鉄道にしろ陸道にしろ、都内の高層ビル群を背に信州へとむかうと、高尾あたりからいくつかのトンネルを過ぎて、相模湖あたりになると田畑は少なくなり、山深くなってゆく。桂《かつら》川に沿って山峡を抜け笹子《ささご》峠にいたると、山に来たなと実感する。そして、長く深い峠を越えると視界が開け、甲府盆地を一望することができる。

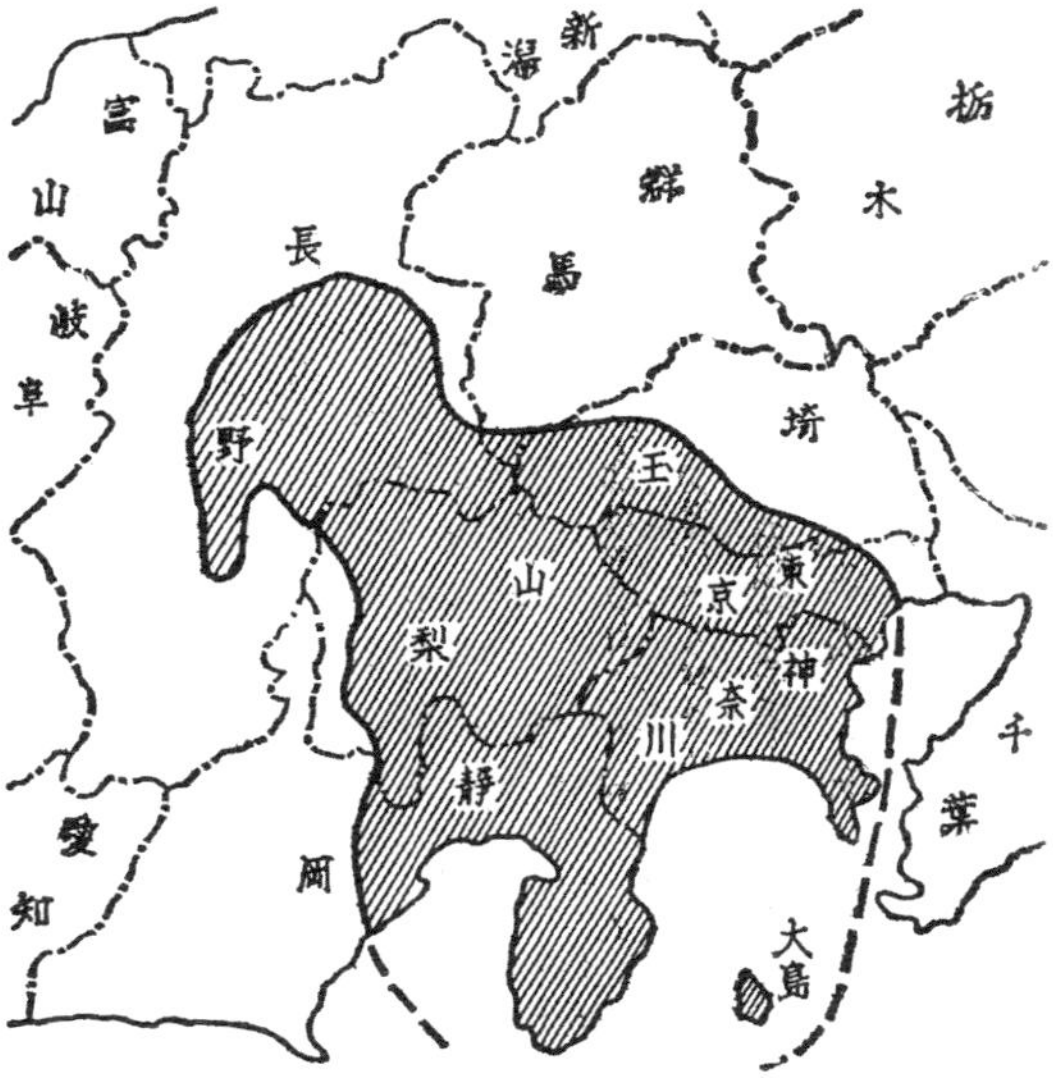

図3●勝坂式文化圏
八幡一郎は、勝坂式に特徴的な有孔鍔付土器の分布域を文化圏ととらえた。それは鳥居龍蔵が示した「山岳狩猟民」の地といえる。

しばらく進むと、八ヶ岳の裾野が西方をさえぎり、編笠山と鼻戸屋《はなどや》(鼻戸山)を結ぶ裾野にいたる。飛騨の山脈が望まれ、諏訪盆地の所在が知れる。さらに立場川を越せば、諏訪湖を指呼することができる。信州に育った自分でさえ、ここまで来ると、安堵とともに帰ってきたと一息つく瞬間である。

一方、松本平や伊那谷方面からやって来ると、塩嶺《えんれい》峠ほかの峠の頂きに達する。そこからは波静かで鏡のように蒼白く輝く諏訪湖を見下ろせる(図4)。その湖面のむこうには、北に八ヶ岳の峰々が立ちならび、稜線のもっとも低くなったあたりが富士見高原で、その南のかなたには秀麗富士がぽっかりと浮かんでいる。

四方を山にかこまれ、富士山と諏訪湖にはさまれた、この海抜一〇〇〇メートルの地は、まさに理想郷というにふさわしく、五〇〇〇年前、列島でもっとも繁栄した山岳民族の集うところだった。

図4● 塩嶺峠からみた諏訪盆地と富士山
眼前に諏訪湖が広がる。その後方、左手(北)が八ヶ岳で、稜線がなだらかに下がり、南麓となっている。稜線のもっとも低くなったあたりが富士見の高原。その南には、ぽっかりと秀麗富士が浮かぶ。

第2章　おらあとうの考古学

1　おらあとうの村の遺跡発掘

井戸尻遺跡群の地理的環境

長野県諏訪郡富士見町には四一の集落がある。そのうちの一つ池袋《いけのふくろ》集落は中央本線の信濃《しなの》境《さかい》駅がある信濃境集落の西に隣接している。その池袋集落のはずれに井戸尻遺跡群はある（図5）。遺跡が立地する尾根は、集落がとぎれたところで土地が一段低くなってゆるく傾斜し、尻尾のようになって収束する。最大幅九〇メートルの尾根はわりと平らで、東の尾根のくびれた縁には、井戸尻の地名の由来ともなった泉がある。

このあたりには、八ヶ岳の麓に降りたまった雨水が地下深く伏流して、湧出する箇所がいくつかある。この地域では泉のことを井戸といい、もっとも低い標高に位置することから尻とついた。ここで流れ止まって、八ヶ岳由来の大きな溶岩の隙間〝井戸尻の泉〟からは清らかな水

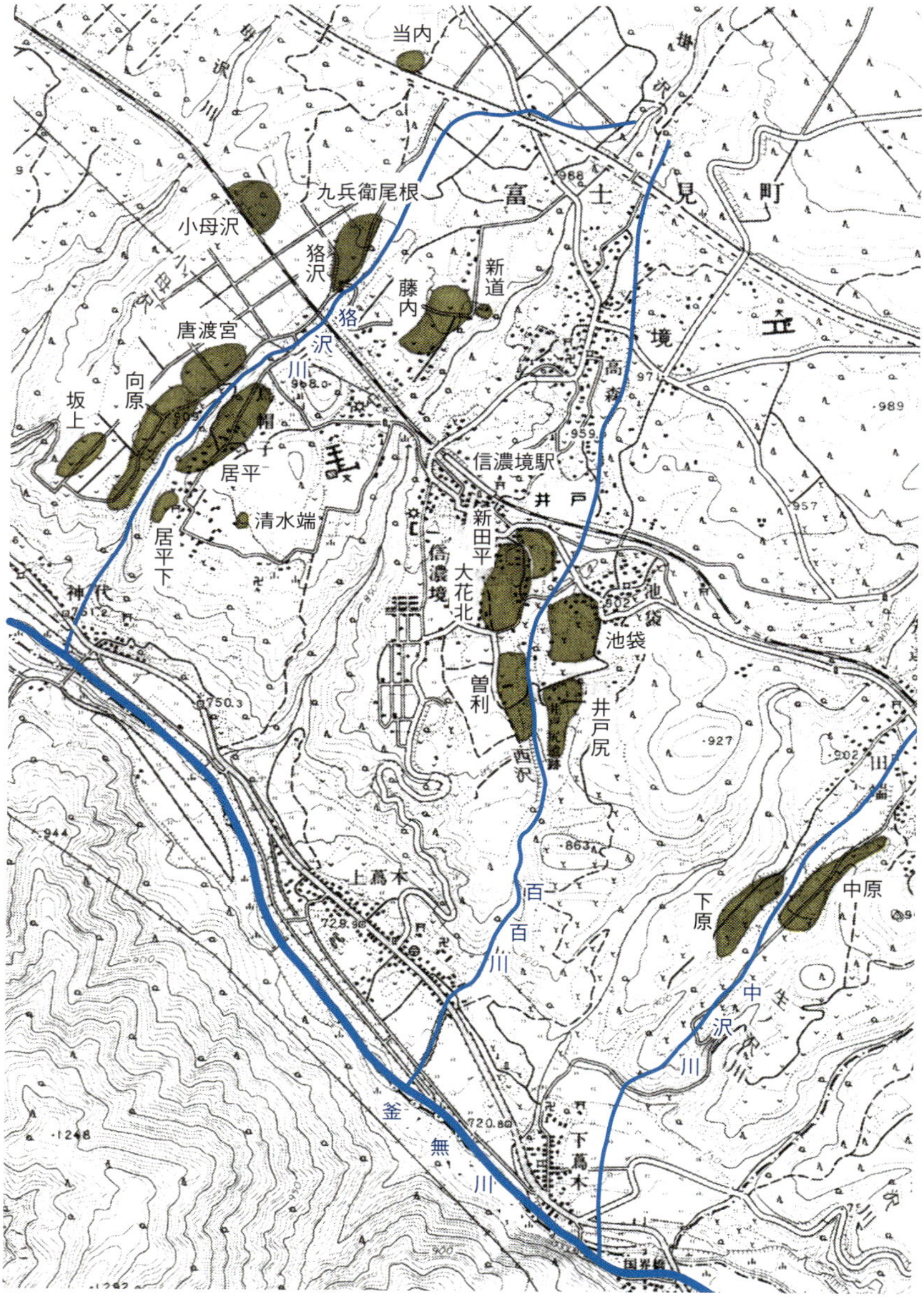

図5 ● **井戸尻遺跡群**
井戸尻遺跡群の最大の特徴は、河川をはさんで遺跡が対峙していることである。

がいまもこんこんと湧き出ている。そして西側の百百川《ずうず》をはさんで曽利《そり》の尾根が並走している。

ここからの眺めは絶景で、甲斐駒ヶ岳と鳳凰《ほうおう》三山が眼前をさえぎるようにそびえ、山稜を東南に追って低くなったあたりに霊峰富士が端座している（図6）。

境史学会と井戸尻遺跡の発掘

発掘の契機となったのは、一九五三年の夏に藤森栄一がおこなった落合地区烏帽子《えぼし》集落の新道《あらみち》遺跡の発掘であった。調査した二基の住居のうち、一号とした住居からは、深鉢《ふかばち》、浅鉢《あさばち》、台付鉢《だいつきばち》といったさまざまな形の器がほぼ完全なままそろって出土した。

この発掘に刺激されて、地元の小林勉《つとむ》、小林正《まさ》嘉《き》、小林武《たけし》、それに武藤雄六《ゆうろく》らは一九五六年五月に境史学会を発足させた。境地区公民館でおこなわれた発会式では藤森が講演した。そこで藤森は、

図6 ● 井戸尻遺跡より富士山を望む
井戸尻遺跡は1966年に国指定史跡となった。甲斐駒ヶ岳・鳳凰三山が眼前をさえぎり、東南に低くなったあたりに富士を望む。

縄文農耕論を切々と語り、この舌状《ぜつじょう》台地の端には、きっと遥けき祖先の文化が早く明るみに出してほしいと待っていると、土中から出てくる石器や土器の魅力を語って講演を締めくくった。二〇〇八年に刊行された『井戸尻遺跡保存会の記録』にはつぎのように記されている。

「この話に触発されて、遺跡の発掘を志した同会と境地区公民館は、一九五八年の冬に尖石の遺跡と考古館を見学し、宮坂英式《ふさかず》氏の協力を得ることになった。そして宮坂氏の指導の下、一九五八年三月一五日から四月一三日まで、境史学会と境地区公民館が主体となり、地元池袋区とそれに諏訪清陵《せいりょう》高校地歴部の協力を得て井戸尻遺跡の調査をおこない、四軒の住居を発掘し画期的な成果をおさめた。」

このうちの四号址とした住居からは、石器や土器がゴロゴロとあらわれ、まるで生活器物を置いて去ったかのようなありさまだったという。その一号から四号址までの発掘の概要は、藤森と武藤の連名で一九六四年の『長野県考古学会誌』創刊号に報告された。その報告をふまえながら、当時の発掘の様子を二〇〇八年に開催された「井戸尻発掘五十周年記念」の座談会での記録（『井戸尻発掘五十周年記念講演録集』二〇〇九年）などから紹介してみよう。

まず、発掘の指導は、当初は藤森がになうことになっていたが、藤森が歩行も困難なほど体調が悪化してしまったので、宮坂英式が引き受けることになった。

記念すべき井戸尻遺跡の最初の発掘は一九五八年三月一五日であった（図7・8）。畑のもっとも西側、現在の復元住居がある少し下の場所にトレンチを入れたところ、住居らしきものが確認できた。そこでトレンチを拡張したところ、平面が五・四メートルのほぼ円形で、中央よりやや北に炉址を設けた竪穴住居址が検出できた。ただし、この一号住居址は、曽利Ⅳ式土器の破片が若干で、石器も破片がわずかしか出土しなかったことから、参加者をがっかりさせたという。

翌一六日、一号住居址の南東五メートルのところにトレンチを入れたところ、二号住居址がみつかった。二号住居址の南側の壁は三号址によって切られていたが、径五メートルの円形で、床面中央とやや東に寄ったところに埋甕炉《うめがめろ》が二基ならんでいた。ともに口縁《こうえん》を床面に平らに埋め、周囲の床面は赤く焼けて硬化していた。その土器型式は狢沢《むじなざわ》式土器である（図9）。遺物は、完形土器八点のほかに石器が打製石斧《だせいせきふ》一三点、凹石《くぼみいし》六点、石《せき》鏃《ぞく》四点、石匙《いしさじ》三点、磨《す》り石《いし》一点が出土した。

三号住居址は二号址の南半分を切って、床面は二号の床面より一五センチほど低い。平面は東西六・三メートル、南北五・七メートルの楕円形で、中央の西寄りに石囲炉《いしがこいろ》が設けられている。遺物

図7●井戸尻遺跡の発掘風景（武藤盈氏撮影）
1958年3月、寒空のなか、井戸尻遺跡の発掘がはじまった。
中央の帽子をかぶった人物が宮坂英弌。

は井戸尻Ⅲ式の完形・半完形土器二〇点と顔面把手《がんめんとっ》二点（図9）、土偶破片二点、石器が打製石斧四〇点をはじめ、石鏃一五点、石匙一四点、凹石一〇点、石錐《せきすい》五点、石皿《いしざら》三点とその破片一点、磨石四点、擦切《すりきり》石斧二点、無頭石棒《むとうせきぼう》一点が出土した。

これで発掘調査は終了するはずであったが、三号住居址の発掘で気をよくしたのか、三号住居址のすぐ東寄りをボーリングした輩《やから》がいて、住居址の可能性があるとちょこっと掘ったら、遺物がゴロゴロと顔を出した。団長の宮坂は激怒したが、参加者の熱意にほだされて、その四号住居址の発掘をすることになった。

四号住居址は東西五・七メートル、南北六・六メートルの楕円形をしていて、床の中央には六〇センチの間隔で、北と南とにやや寄って石囲炉二基を設けている。北の炉は炉底が焼け、灰層の堆積もみられるなど使用の痕跡が顕著だが、南の炉は使用した形跡がない。炉の形式はまったくの同一

図8●井戸尻遺跡の発掘風景（武藤盈氏撮影）
地元研究者の指導のもと、村民・学生らによる組織的な発掘の第一歩となった。

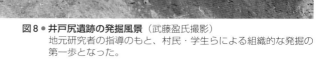

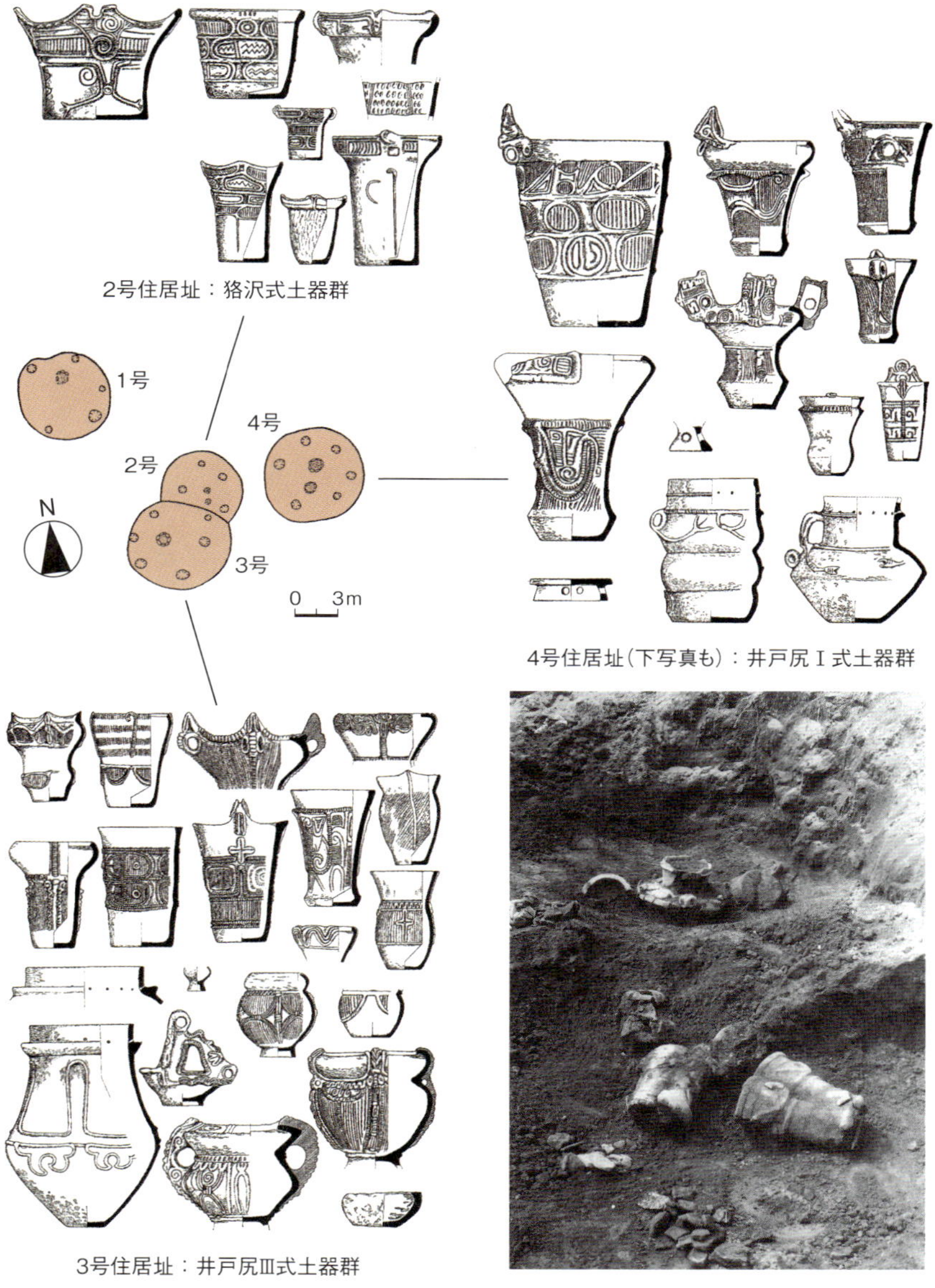

図9 ● おらあとうが掘り出した井戸尻の土器群（写真は武藤盈氏撮影）
各住居址から縄文中期各時期（図13参照）の土器群がセットで出土した。

なのに一方は使用しなかったということは、床面の同時性を示している。北側の柱穴状の坑内には、完形土器一個が倒立して包蔵されていて、柱以外の特殊坑と考えられる。

遺物は石囲炉周辺に集中していて、大きい石囲炉と北側の柱穴の中間から蛙文有孔鍔付《かえるもんゆうこうつばつき》土器が、そして西側の柱穴と壁のあいだの壁近くから、三段くびれの有孔鍔付土器が出土した。これら二点の優品の土器を含めて、一二点が復元された。桶形《おけがた》深鉢、素文口縁《そもんこうえん》深鉢、四方神面文《しほうしんめんもん》深鉢、有孔鍔付土器、器台で構成されていた（図9）。

井戸尻遺跡保存会

約半月間をかけて三月三〇日、第一回の井戸尻遺跡の発掘は終わった。自分たちの足元から、これまでみたことのない、郷土のどえらい宝があらわれでたのである。この思いもよらぬ遺跡の発掘に端を発して、発掘を終えた後日の四月二五日に、井戸尻遺跡保存会の結成式がおこなわれた。会員は地元の池袋ならびに信濃境を中心に境一円、烏帽子をふくめて百余名を数えた。

保存会発足時から尽力し、会長も務めた池袋集落の平出今朝美《ひらいでけさみ》は、「井戸尻発掘五十周年記念」の講演会でつぎのように回想している。

「地元からこんな遺跡が出たということ、これを何とか後世に残したいという、その四十何年ですかね、その頃から会員も急増しまして、初め一〇〇人くらいのが二〇〇人を超すような大勢の方が賛同されたと。まぁこれは保存会の会員だけじゃなくて、富士見町、町民みんなの願いだったと思います。これをなくさないようにしたいという。」

境史学会の発足をへて結成された井戸尻遺跡保存会の意気込みは「おらあとう（自分たち）のご先祖様は、えれえもんだ（たいしたものだ）。おらあとうの村の歴史（遺跡）は、おらあとうでほっくりけえしてみざぁ（発掘して明らかにしよう）」というものだった。

七月八日には、復元家屋を完成させ、九月から土器の復元作業（図10）、そして陳列をすませて、九月二二日の総会では、復元祭と称して当時東京大学の講師だった八幡一郎に「八ヶ岳山麓の古代住民」と題した講演を依頼している。

この井戸尻の発掘は、宮坂・藤森ら地元の研究者の指導に支えられ、学生をはじめ町民の参加による組織的な発掘の第一歩であった。そしてその後、曽利遺跡の発掘をはじめ精力的な発掘調査と井戸尻遺跡の管理に保存会の役割はたいへん大きかった。地域に根差した調査と研究は中部地方の縄文文化研究をけん引していったのである。

図10●出土遺物の復元作業（武藤盈氏撮影）
井戸尻遺跡から出土した土器をもくもくと復元する学生たち。

2 おらあとうの村の井戸尻編年

住居址の切り合いに時間差をみる

一九五八年の井戸尻遺跡の発掘につづき、一九六〇年三月から翌年の一〇月まで、曽利遺跡の発掘調査がおこなわれた。第一次調査で九軒、第二次調査で六軒、計一五軒の竪穴住居址を発掘した。これらは井戸尻遺跡と同様に、床面がしっかりとつきかためられていたり（貼り床）、削りとられて切り合っていた。こうした発掘の所見を整理し、縄文中期後葉の曽利Ⅰ期から曽利Ⅴ期までの推移をたどることができた（図11）。これは住居単位の時間的な推移、つまり土器の編年に止まらず、土器をはじめとする出土遺物をセットとして、一軒の住居における生活用具の変遷として扱えるということにほかならなかった。

こうした〝法則〟を手に入れたことで、つぎつぎに実施される調査は順調に進んでいった。いつしかこの見方・考え方が一般的となり、南関東の貝塚でなされていた貝層による層位学的な調査方法に対し、内陸での遺構の時間差をみきわめる方法として定着していった。

そして、一九六四年一〇月、群馬大学でおこなわれた日本考古学協会の大会で、「八ヵ岳南麓における縄文中期土器の編年（上・下）」（『日本考古学協会大会研究発表要旨』三二）と題して、藤森と武藤雄六によって研究発表がなされた。

その資料には井戸尻遺跡をはじめ、発掘でえられた三六例の竪穴住居について、新旧関係の理由を明示し、中期初頭から後葉までの土器型式にあてはめている。また、中期縄文土器編年基準と特徴として、六九軒の竪穴住居について、重複する住居の新旧関係や土器の特徴を列記している。この時点で、井戸尻編年の編成がほぼ完成していたことが知れる。

『井戸尻』の発刊

一九六三年の秋、これまでの井戸尻遺跡保存会と地元の住民、学生らによる七年半におよぶ発掘調査の内容を公表すべきとして、調査報告書の発刊について打ち合わせがおこなわれた。

当時の町長樋口隆次は以下のように語っている。

「井戸尻遺跡保存会の活動を温かく見守りつつ、八ヶ岳山麓に雄大にくりひろげられた縄文中期を中心とする先住民社会集団の中にある、逞しい創造への情熱と原始芸術のすばらしさに驚嘆し、わたしたちに遺されたこの膨大な文化遺産を整理し、大切に保存し、将来のために遺さねばならぬ

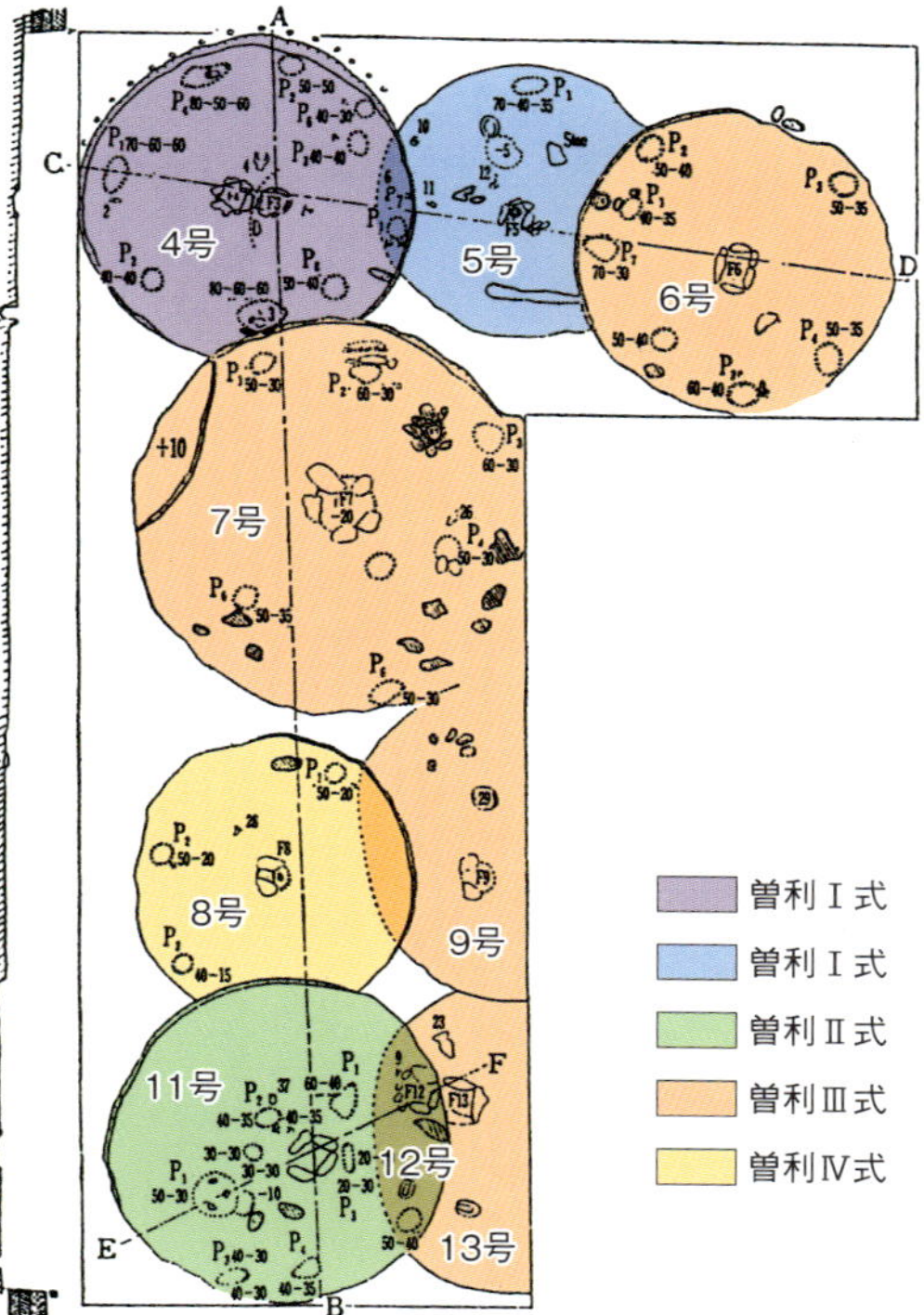

図11 ● **曽利遺跡の重複する住居**（第1次発掘調査、1960年）
旧い住居に重なるように、土を盛りかためて平らにしたり（貼り床）、削平したりするなどしている。こうした切り合い関係を精査して新旧をみきわめる。4号住居と5号住居は同じ曽利Ⅰ期のなかで時間差がみとめられる。

と痛感した。」

編集責任者は藤森に委嘱され、一九六五年に富士見町町政施行一〇周年記念事業の一環として、『井戸尻―長野県富士見町における中期縄文時代遺跡群の研究―』（中央公論美術出版）という大部な一冊が上梓されたのである（図12）。先の町長の文章は『井戸尻』の奥書である。

この報告書の主眼は、中期縄文文化の解明にあった。町内の遺跡から発掘してえられた資料を基礎に「井戸尻文化」を概念化して、縄文中期農耕論の骨格を固めることであった。その一つに編年作業（時間軸の設定）があったが、これはたんに土器の新旧を求めることにとどまらず、生活用具としての単位、つまりセットとして、一住居から出土した土器群をあつかい、貯蔵具、煮沸具、供献具、照明具と分けてそれぞれの用途や機能まで追究している。

住居が廃絶したとき、大部分の器財を残したまま埋没した一住居面の土器群を一つのセット、「標識資料」としてとらえる。また切り合いや貼り床などを根拠に時間差を識別し、層位的方法とは異なる新旧をみきわめる方法を考案して、それらを「編年資料」として扱う。そしてこれらの資料をもとに、土器型式による時間的な変遷を編成して、縄文中期を一四型式に分けて、

図12●『井戸尻』の書影
7年半におよんだ町内遺跡発掘の集大成（本文162頁、図版108頁、中央公論美術出版、1965年）。

前述した日本考古学協会で発表した編年案を、ここにあらためて報告書として正式に公表したのである。

井戸尻編年の完成

この一四型式は、初頭を九兵衛尾根《きゅうべえおね》Ⅰ式・Ⅱ式に、中葉を新道式・狢沢式・藤内《とうない》Ⅰ式・Ⅱ式、井戸尻Ⅰ式・Ⅱ式・Ⅲ式に、後葉を曽利Ⅰ式・Ⅱ式・Ⅲ式・Ⅳ式・Ⅴ式に分け、その時間軸にそって推移するとした。そして、九兵衛尾根・新道・狢沢式を黎明期、藤内式を極盛期、井戸尻式を爛熟期、曽利ⅠからⅢ式までを退嬰期、曽利Ⅳ・Ⅴ式を終焉期とよび分けた。これはたんに型式論や編年観にこだわることなく、井戸尻文化を担った人間の生活を評価した、藤森ならではの表現である。

その後一九七八年三月には、曽利遺跡の発掘報告書『曽利　第三・第四・第五次発掘調査報告書』が発刊される。そこで武藤は、井戸尻編年を五点修正している。

第一点は、新道式↓狢沢式を狢沢式↓新道式にあらためた。

第二点は、井戸尻式の当初の分類であるⅠ・Ⅱ・Ⅲの三型式について、ⅠとⅡを櫛形《くしがた》文の多少によって細分するには無理があることがわかって、Ⅱ式を欠番とした。

第三から第五点は、曽利式の問題である。まず曽利ⅠからⅢ式にみられる他地域の綾杉《あやすぎ》文系土器と縄文系土器の位置づけを明確にして、曽利Ⅰ式にA↓Bの区別がないことを確定したことと、曽利Ⅴ式のなかに含めていた曲線区画の縄文土器を後期の土器と明確に区分したことである。

こうして『井戸尻』以降、新たな事実をもとに型式学的な検討をへて、縄文中期初頭から後葉を一三型式に編成し直したのである（図13）。これは今日、「井戸尻編年」とよばれ、列島の中期文化の時間の尺度として広く用いられている。その編年が井戸尻遺跡を中心とした三キロ四方の井戸尻遺跡群でなされたことに大きな特色がある。

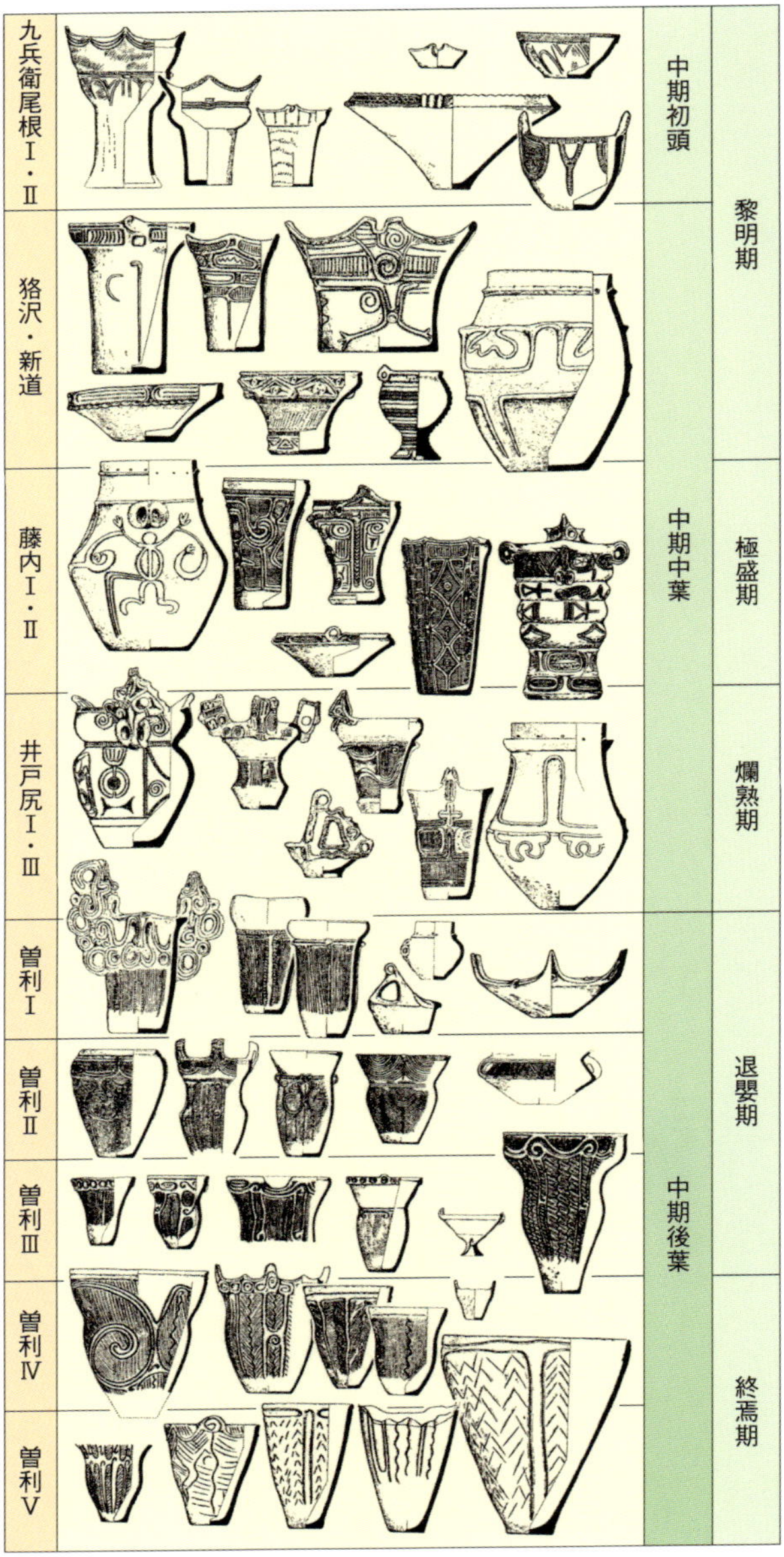

図13 ● 完成した井戸尻編年
井戸尻遺跡群を中心とした遺跡から出土した土器によって編まれた、縄文中期初頭から後葉の推移。

第3章　井戸尻文化の中心地

1　八ヶ岳南麓の井戸尻文化

井戸尻遺跡群とその特色

井戸尻遺跡保存会が主となり、一九五八年から進められてきたいくつもの発掘も、一九七四年の九兵衛尾根遺跡で一段落となる。以後は、教育委員会の発掘などを支援するかたちで井戸尻遺跡保存会の役割は終えていく。

このうちとくに重要な遺跡をあげるとすれば、井戸尻・曽利・九兵衛尾根・藤内・狢沢・新道・籠畑《かごはた》・居平《いだいら》・唐渡宮《とうどのみや》・大花《おおばな》などである。これらはみな部分的な調査にとどまるものの、井戸尻編年の骨格をなす標式遺跡であることは誰もがうなずくであろう。これらの遺跡が三キロ四方の狭小な範囲に集中していることが、ほかに例をみない特質すべき点である（図5参照）。そこで井戸尻遺跡群を構成する遺跡のいくつかをみておきたい。

新道遺跡

この遺跡の発掘の様子は前章でふれたが、発掘のきっかけは地主の小林武が牛小屋を建てるために掘削したことによる。小林勉の紹介で諏訪考古学研究所が状況を知ることとなり、一九五三年に調査することになった。東側は削られていたものの、同心円状に重なった住居があらわれ、最初にカップ形の台付土器が出土した。

住居は径五メートルの円形で、中央は二号址に切られていた。一号址の床面には全面にわたって五センチ前後の厚みに灰や炭化物の層が確認されたことから、火災に遭ったものと判断された。そしてカップ形台付土器のほか、深鉢三点、浅鉢一点、有孔鍔付土器一点の計六個体が遺存していたのだった（図14）。これら一群の土器について当時、藤森栄一は、一生活単位における容器のセットとして、また新道式の標識資料として位置づけた。

唐渡宮遺跡

狢沢川をはさんで南に居平、北に唐渡宮遺跡が対峙している。これまでに三次におよぶ調査

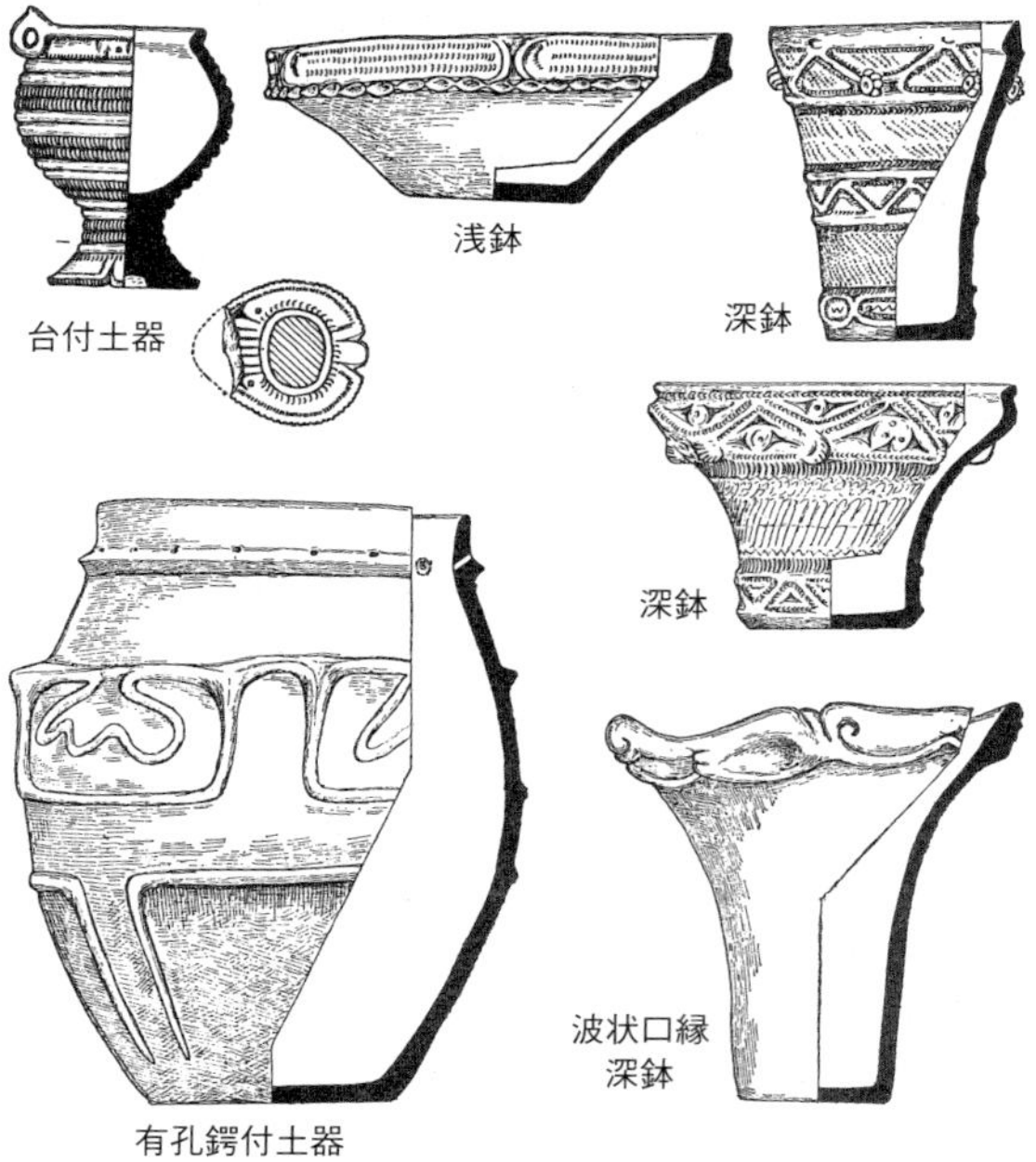

図14 ● 新道遺跡1号住居址出土の新道式土器のセット
住居から出土したことで、「一生活単位」の容器セットとして認識され、新道式の標識資料と位置づけられた。

がなされ、前期の住居四軒と中期初頭九兵衛尾根期の住居一軒、中期後半の住居二五軒ほかが調査されている。

この遺跡で注目されたのは、一九六三年、遺跡の東南縁を通る農道の拡幅工事の際に、大形の屋外埋甕が発見されたことである。なんとその底近くには、黒い顔料によってお産の情景が描かれていたのである（図15）。同じ時期の土偶にみるように、両手を広げ、両の乳房、へそ、陰部、大地にどっかと踏ん張る両脚が表現されている。注目すべきは、陰部から下に幾筋か垂

図15●唐渡宮遺跡出土の人体絵画土器（田枝幹宏氏撮影）
土器の底近くに、顔が黒く塗られ、両手を広げ、両足を大きく踏ん張り、乳房・へそ・陰部が描かれた女性像がみてとれる（高さ63cm）。

れる線である。武藤雄六はつぎのように言及している。

「この絵画は女性であり、正面を向き、両足を踏ん張り、生殖器からは得体の知れない物体が地面に向かって放出されている。地面に向かって落下する物体の描写から推察するに、お産の最後の情景であり、落下する物体は後産と解すべきである。」

居平遺跡

一九六三年の春、井戸尻遺跡保存会の後援を受けた諏訪清陵高校地歴部によって、中期後半の住居が三軒発掘された。さらに道路改良工事にともない一九七三年に四軒、一九七四年に六軒のいずれも中期後半の住居が発掘された。

その後、一九八六年に教員住宅建設に先立って二カ月にわたって調査された。その結果、調査区の真ん中にいわゆる中央広場があり、九〇基余の墓穴がぐるりとかこみ、五カ所の穴からはヒスイの飾り玉がみつかった。その外側は一七棟の建物址がとりかこんでいた。さらにこの

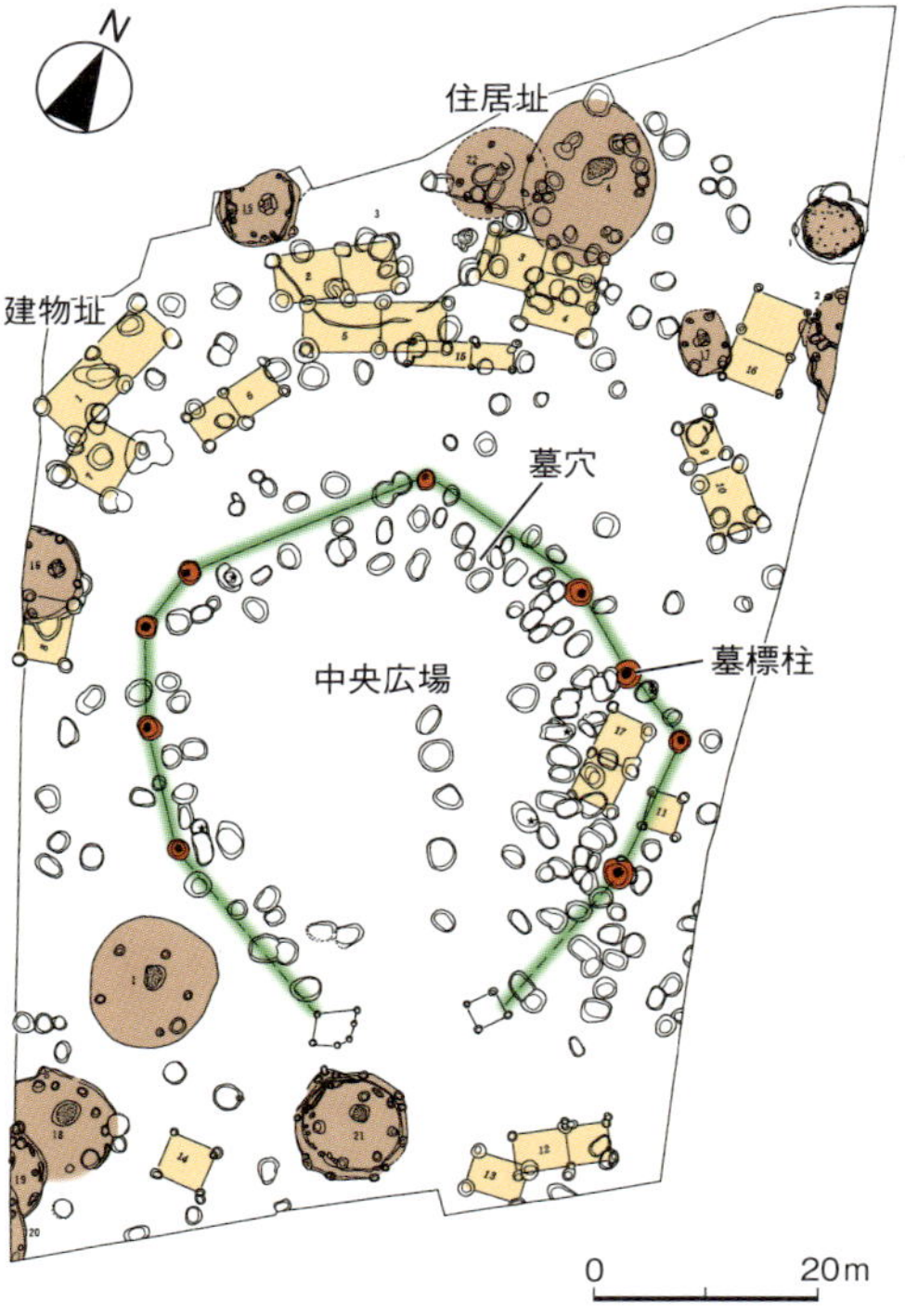

図16 ● 居平遺跡の遺構配置
中央広場を墓穴がかこみ、それを建物址と住居址がとりかこむ。特色の一つは、中央墓穴群の列を結ぶように、標柱（トーテムポール様の柱）が確認されたことである。

建物址と同列ないしやや外側に一一軒の住居址がめぐる。こうして直径およそ六〇メートルの、中期後葉、曽利ⅣからⅤ期の環状集落が姿をあらわしたのである（図16）。遺構の様子がきわめて明瞭であること、墓穴がたくさん発掘されたことから埋め戻され、町史跡として遺されている。

曽利遺跡

最初の発掘は一九四三年、宮坂英弌の指導のもとで始まった。戦後、前章でふれたように一九六〇年に再開し、続いて一九六一年の調査からは宮坂にかわって藤森が担当し、一五軒の住居を発掘した。床面を切っている、切られているなどの状況から遺構同士の切り合い関係に気づき、新旧関係の把握が大きく進展していった。加えてパン状炭化物（図30参照）や水煙渦巻文把手付深鉢（図17）など、八ヶ岳南麓の縄文文化解明にとってきわめて重要な資料を得たのだった。

その後も継続して調査がおこなわれ、現在までに九二軒の住居などを確認し、中期初頭の九兵衛尾根期から中期後葉の曽利期まで連綿と居住していたことが知れた。そして、ここ曽利をふくむ尾根には、上手から井戸、新田平《あらたのひら》、大花北、大花、そして曽利の各遺跡が串団子のように連なっていることもわかってきた。

井戸尻遺跡

前章でみたように、一九五八年、境史学会の先導で諏訪清陵高校の生徒、地元住民らによるはじめての組織的な発掘が実施された。つづいて町有地買収にともなう地目変換の調査で、

図 17 ● 曽利遺跡出土の水煙渦巻文把手付深鉢（田枝幹宏氏撮影）
1963年、パリで開催された日本古美術展に出陳。1972年、10円葉書の料額印面の意匠に採用された（長野県宝、高さ42.6㎝）。

八軒の住居が発掘された。とくに注目されたのは、一九五八年調査の四号址から出土した一括遺物である。八ヶ岳南麓の中期縄文文化を特徴づける重要な資料であることから、遺跡は一九六六年六月二一日に、中部高地の縄文時代中期文化を代表する遺跡として国史跡に指定された。

なお、一九九一年になって、尾根の先端近くで早期茅山《かやま》期の環状集石と中期中葉の住居一軒ほかがみつかっている。

藤内遺跡

この遺跡を語るうえで地主の小平辰夫、和子夫婦を忘れてはならない。一九四七年、この地は農地開発営団によって食料増産のために開拓されることになり、五戸が入植した。その一人に小平がいた。茅野市南大塩《みなみおおしお》の出で、実家が宮坂の家の近くだったことから、尖石遺跡の発掘を手伝い、土器や石器に関心をもつようになったのだという。

開墾作業の合間に、藤内の地籍から採集した土器や石器を父親の小平今朝雄《けさお》が宮坂にみせたことがきっかけとなり、諏訪清陵高校地歴部の応援のもと、一九五三年一一月に二軒、翌一九五四年に六軒の住居を発掘した。

一九六二年の三月には、藤森が担当者となり、井戸尻遺跡保存会と諏訪清陵高校地歴部によって、祭礼址または墳墓のような遺構と考えられる「特殊遺構」を、六月には九号住居址を調査している。九号住居址は火災による急激な上屋の倒壊で、一軒のすべての生活用具が日常生活をしていた状態のまま発掘された稀有な事例で、縄文人の生活実態を復元するうえで貴重な

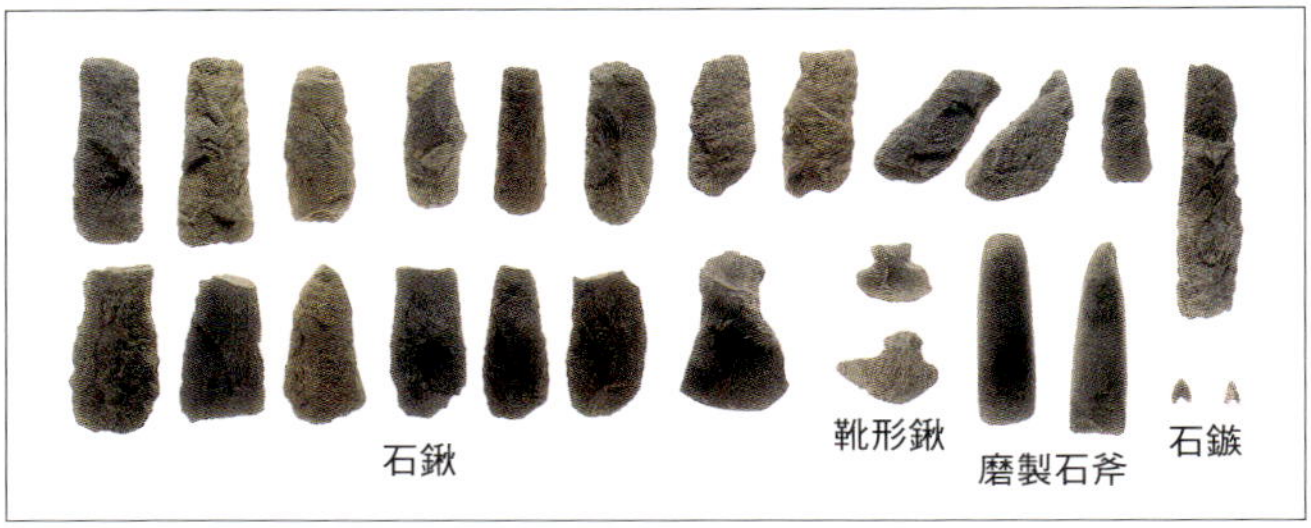

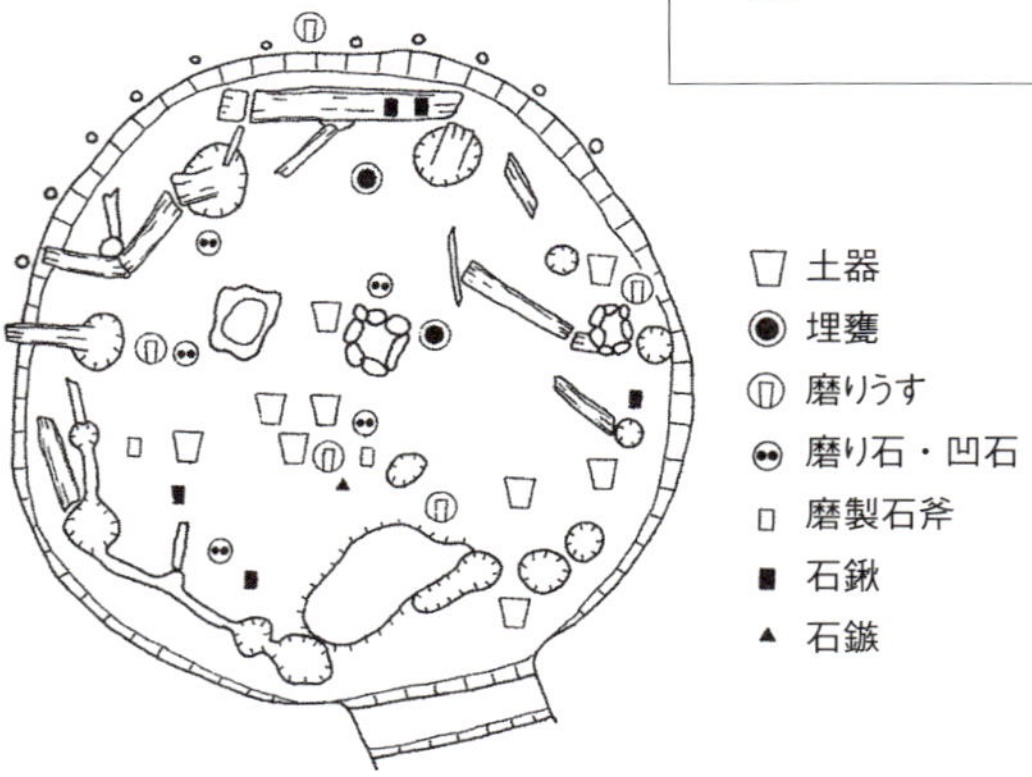

遺物の出土状況

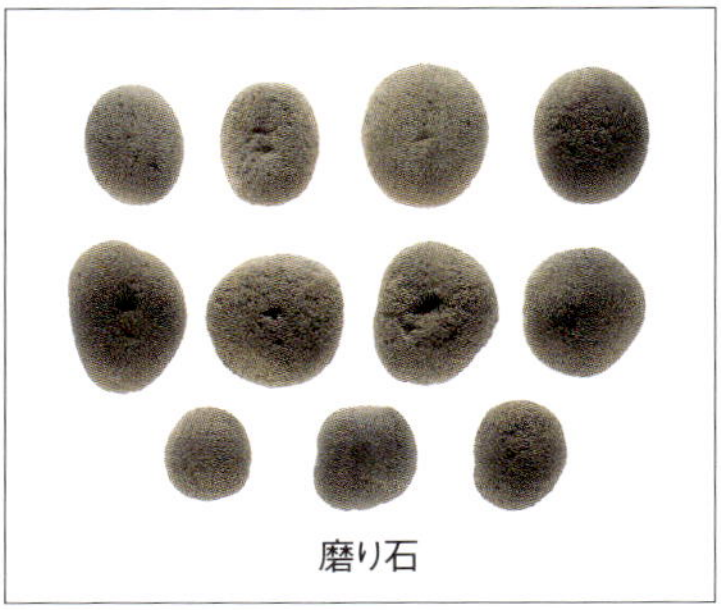

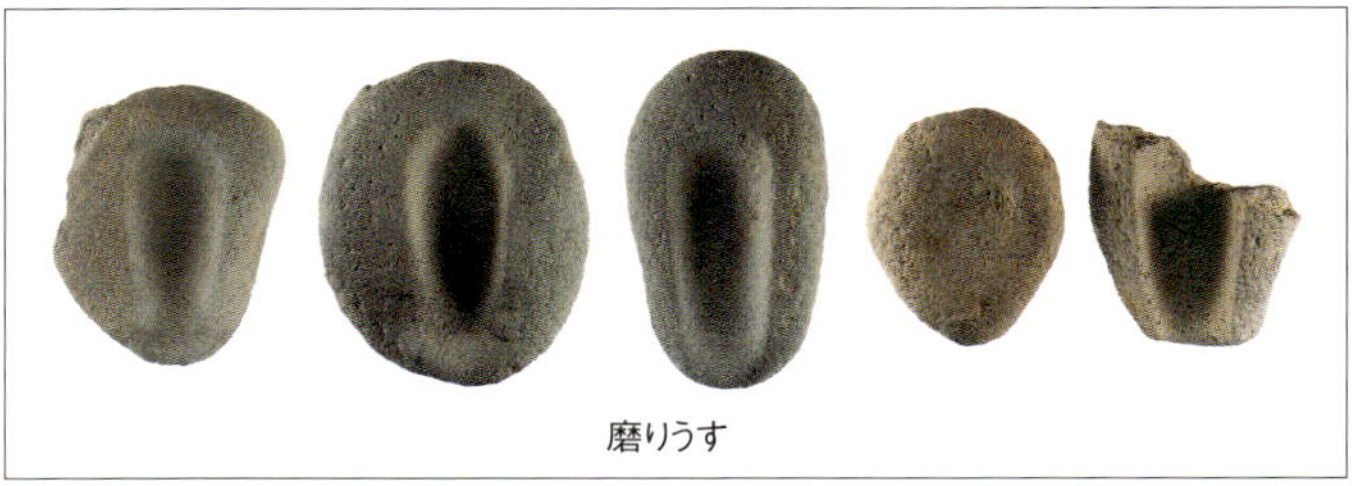

図18 ● 藤内遺跡9号住居址と一括して出土した生活道具（土器は小川忠博氏撮影）
火災に遭った住居で、多くの生活用具が遺されていた。

資料となっている（図18）。

しばらくして一九八四年には、一一軒の住居といくつもの墓とおぼしき小竪穴を発掘した。それと調査区の北側の隅に何もない空間があらわれた。いわゆる中央広場である（図19）。この調査によって集落の構成がはっきりし、特殊遺構の性格を墳墓のようなものと推論したことは見事に的中していたのだった。

さらに一九八八年、遺跡の上を走る道路の拡幅改良工事にともなう調査で住居一〇軒、小竪穴一六〇基が発掘され、中央広場のある上手の村が中期中葉の藤内・井戸尻期、下手の村が曽利Ⅰ期で、八の字型に重なってつくられていることが判明した。

対峙する遺跡

以上の遺跡群の発掘調査を通して、井戸尻遺跡群の特徴をつかめるまでになった。その一つが、集落を形成する際の場所の選定についてである。土地

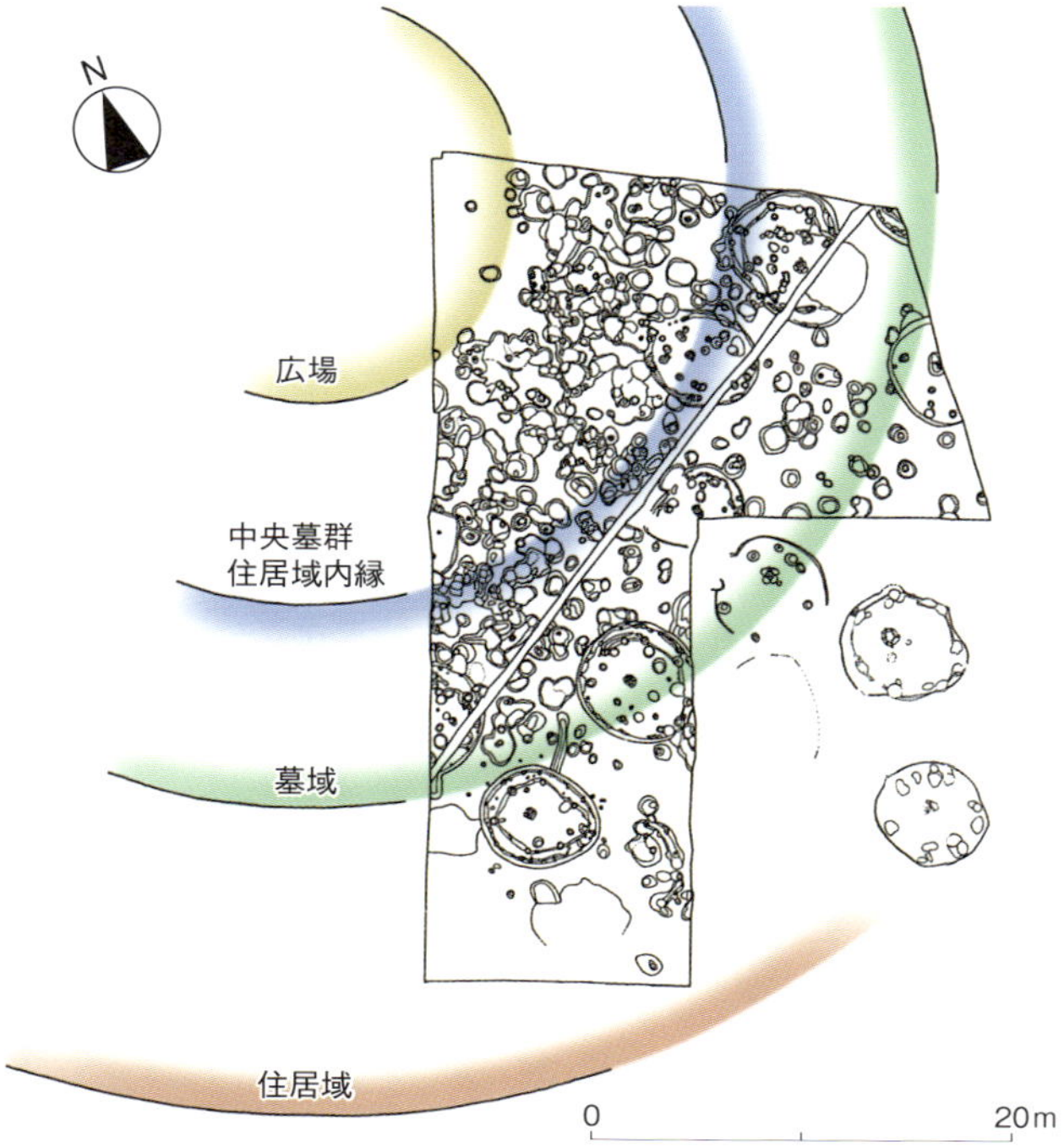

図19 ● 藤内遺跡の遺構配置
中央広場を中心に墓穴がかこみ、住居がその外側をとりまく環状集落であることが明らかとなった。

の地形や環境、つまり立地を強く意識していたのではないかとみられる。

図5をみると、中期を代表する井戸尻遺跡と曽利遺跡はともに標高八六〇から八八〇メートル前後でゆるやかに南面し、舌状にのびている。遺跡のあいだには、沢の深さが五メートル前後の百百川が南流する。井戸尻遺跡の北方三〇〇メートルにある中期後葉の新田平遺跡と井戸遺跡も、百百川をはさんで対峙している。北西三キロにある中期中葉の藤内遺跡と九兵衛尾根遺跡、その五〇〇メートル下流にある中期後葉の居平遺跡と唐渡宮遺跡も、それぞれ狢沢川をはさんで対峙している。このように、小河川や沢をはさんで集落が対峙するというのが井戸尻遺跡群の最大の特徴である。

井戸尻と曽利の消長

井戸尻遺跡と曽利遺跡の時期別・型式別の消長を図にしてみた（図20）。井戸尻で最初に居を構えたのは早期の茅山式である。このとき曽利の尾根に集落はない。つぎは前期末葉の諸磯《もろいそ》

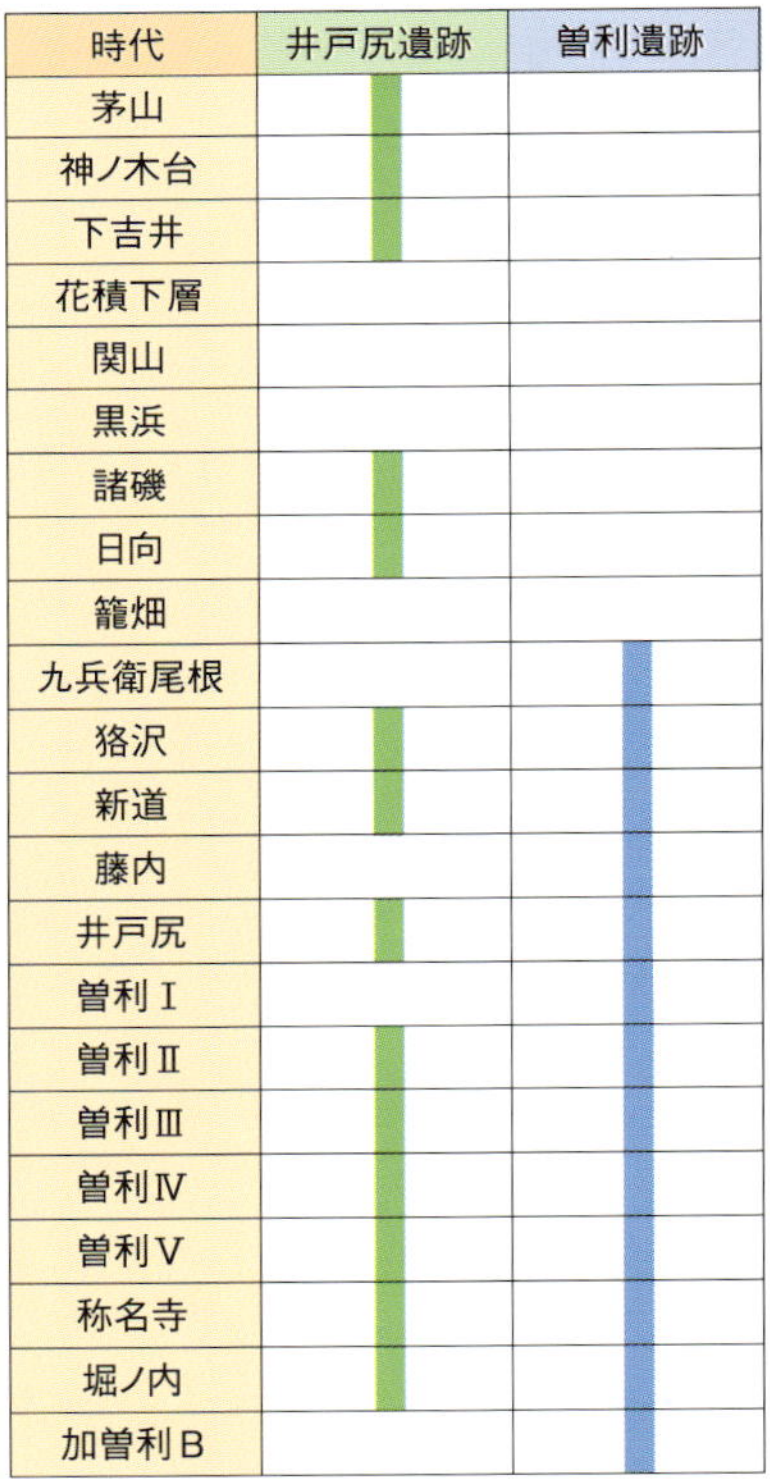

図20 ● 井戸尻遺跡と曽利遺跡の消長
両遺跡は中期狢沢式から共存しはじめ、後期堀ノ内式まで続いていることがみてとれる。

c式で、やはり井戸尻の尾根のみにみられる。集落は、斜面から平坦地に地形が変わるあたりに集中している。

そのつぎは中期。井戸尻では狢沢式・新道式、とんで井戸尻式、曽利I式がなくて、曽利II から堀ノ内式まで連続している。一方の曽利の尾根は、早期・前期がなくて、中期初頭の九兵衛尾根期から曽利V式まで連続して集落が営まれている。このようにはじめから終わりまで、すべての時期が並存しているわけではないものの、一定の時期、むかい合う集落を意識しながら生活していることが知れる。

両者にとって沢は深くなく、往き来になんら支障がないので、交流は日常的なこととしてあったにちがいない。このように小河川や沢をはさんで対峙するというあり方は、人類学でいう双分制（社会を構成する集団が二つに分けられ、互いに補完し合う仕組み）に基礎をおいた社会を彷彿とさせる。いずれの遺跡も十分な調査ができていない現段階では、その仕組みや構造について詳述できないが、ここでは併存している時期があることをもって、たんに隣の集落とするのではなく、対で一つの集落を形成し、密接な関係をもって生活していたと考えたい。

2　井戸尻文化とは何か

地域文化の典型

「井戸尻文化」という用語をはじめて用いたのは藤森である。井戸尻遺跡群の発掘でえられた石器や土器、住居址や集落をはじめ、石棒などの信仰資料、さらに土偶などの精神生活の資料などを一望して生活復元を試み、みずからが提唱する「縄文農耕論」を核として、八ヶ岳南麓の縄文中期文化を「井戸尻文化」とよんだ。これには鳥居や八幡、そして宮坂ら在野の研究者たちによって実践された文化形態論の蓄積、先の山岳民族の文化ととらえる考え方などが大きく影響している。そして、井戸尻遺跡の発掘に端を発し、井戸尻遺跡群はもとより、八ヶ岳山麓の縄文文化解明に突き進んで、七年半で成し遂げた地域史研究でもある。

若き日に藤森の影響を強く受け、諏訪考古学研究所の所員でもあった考古学者戸沢充則は、「考古地域史の構想」(『信濃』四四巻七号、一九九二年)のなかで、藤森の八ヶ岳山麓の縄文中期文化研究についてつぎのように述べている。

「それまであまり考古界にはみられなかった新しい研究の方法、すなわち遺跡や遺物の背後に人間を見、あらゆる考古資料をまずその地域の特性や風土に結びつけて、その地域の文化や歴史の総体として把握しようとする、まさに地域史研究の実践、考古地域史の核心に迫るような研究でした。(中略)そして、藤森先生たちが、「縄文農耕論」の証明のために行った縄文中期文化の研究の結果を、日本列島全体の縄文文化研究の中で、もっとも確実かつ内容豊かにとらえた「地域文化」の典型の一つと評価して、「井戸尻文化」と呼ぶことにしたのです。」

藤森の亡き後、井戸尻考古館を中心に集う研究者たちは、発掘された考古資料を総合して体系的にとらえ、地域の特性や歴史の総体としての、その地域で生み出された固有の文化を井戸尻遺跡群から明らかにしようと奮闘している。それら多角的研究の一部は『山麓考古』という同人誌によって、世に問うてきている。

この時点で、井戸尻文化とはひとまず、井戸尻遺跡群を核とする、八ヶ岳山麓の縄文中期文化であるとすることができる。それは同じ道具を使い、同じ形、同じ種類の器を用い、同じ土器図像を共有し、同じ言語、習俗・習慣をもちあわせる集団の生活文化とみなせよう。

現在、この文化の広がりは、井戸尻遺跡群を中心に西は松本平・伊那谷にいたる。東に目を転じれば関東山地を超えて武蔵野台地や多摩丘陵、狭山丘陵そして相模原台地にまでおよんでいる。そこは地理上の地形変換点にあたり、平野をみわたす場所である（図45参照）。

そして、これより先の平野には、関東南部の土地を生活の領域として、海の豊富な資源をなりわいとする、井戸尻文化とは別な「貝塚文化」が割拠している。地理上の変換点はたがいの文化の境界でもあった。

先井戸尻文化と後井戸尻文化

一方、似た造形の土器は、ここ井戸尻遺跡群を核にして、東は甲府盆地そして関東方面、西は諏訪湖周辺や伊那谷方面に広がりをみせている。

二〇〇四年の「井戸尻考古館建設三十周年記念」の座談会で、南は甲府盆地、北は松本平、西は伊那谷方面にわたる、縄文集落の形成、環境・土地の選定、集落の継続性などを眺めてみた。集落のなかには中期に限定されることなく、前期から継続する集落もあれば、後期に継続する集落も少なからず存在することが確認できた（『井戸尻考古館建館三十周年記念講演録集』二〇〇五年)。

そこで、中期の井戸尻文化を軸にすえ、前期にあたる部分を「先井戸尻文化」、後期・晩期に継続する部分を「後井戸尻文化」と呼称したらどうかとの提案があった。井戸尻文化の前身として、その基盤づくりをした民族が居住し、さらに後身として、その文化を継承する民族が生活していたという、途切れることのない地域文化の様態を引き出したかったからにほかならない。

近年、この山深い地域にも、いくつかの発掘調査によって、井戸尻文化の前と後の様子が少しずつみえてきた。井戸尻文化の具体的内容については次章以降でくわしくみていくとして、ここでは「先井戸尻文化」と「後井戸尻文化」の概要を紹介していこう。

先井戸尻文化

前期という時間枠のなかでとくに注目されるのは、前期前葉の土器型式でいう中越《なかこし》式である。中越式は長野県上伊那郡宮田村にある中越遺跡に由来するもので、これまでの調査によって前期前葉の非常に大きな集落であることが確認されている。

最近になって、その中越式の遺跡が八ヶ岳西南麓の各地から発見されるようになり、そのうちの多くが宮川や釜無川の縁辺にまとまっていることが注目される(図21)。

集落は尾根または扇状地の平坦部につくられ、竪穴住居のほかに高床式の建物が共存する。集落の規模は中期に引けをとらないものもあり、坂平《さかだいら》遺跡のように六〇軒以上にもおよぶ遺跡もみうけられる。

土器は砲弾形の尖底《せんてい》をなし、口縁の四カ所に凸帯《とったい》がつくものが多い。それに東海系の木島式の土器や関東方面の下吉井式土器の一群が混在することもこの時期の特徴である。

石器は、状況のわかる坂平遺跡でみると、黒曜石製の小型石器、鍬類、磨り石・凹石《くぼみいし》、磨りうす、台石《だいいし》などがあり、なかでも調整・製粉具が多いことが知れる。

つぎの前期後葉から末葉にかけて、土器型式でいう諸磯式の時代になり、いくつか変化がみられるようになる。その一つが集落の立地である。総じて斜面地を選んでいて、八ヶ岳南麓から塩尻方面の遺跡にみることができる。なかには転げ落ちそうなほどの傾斜地

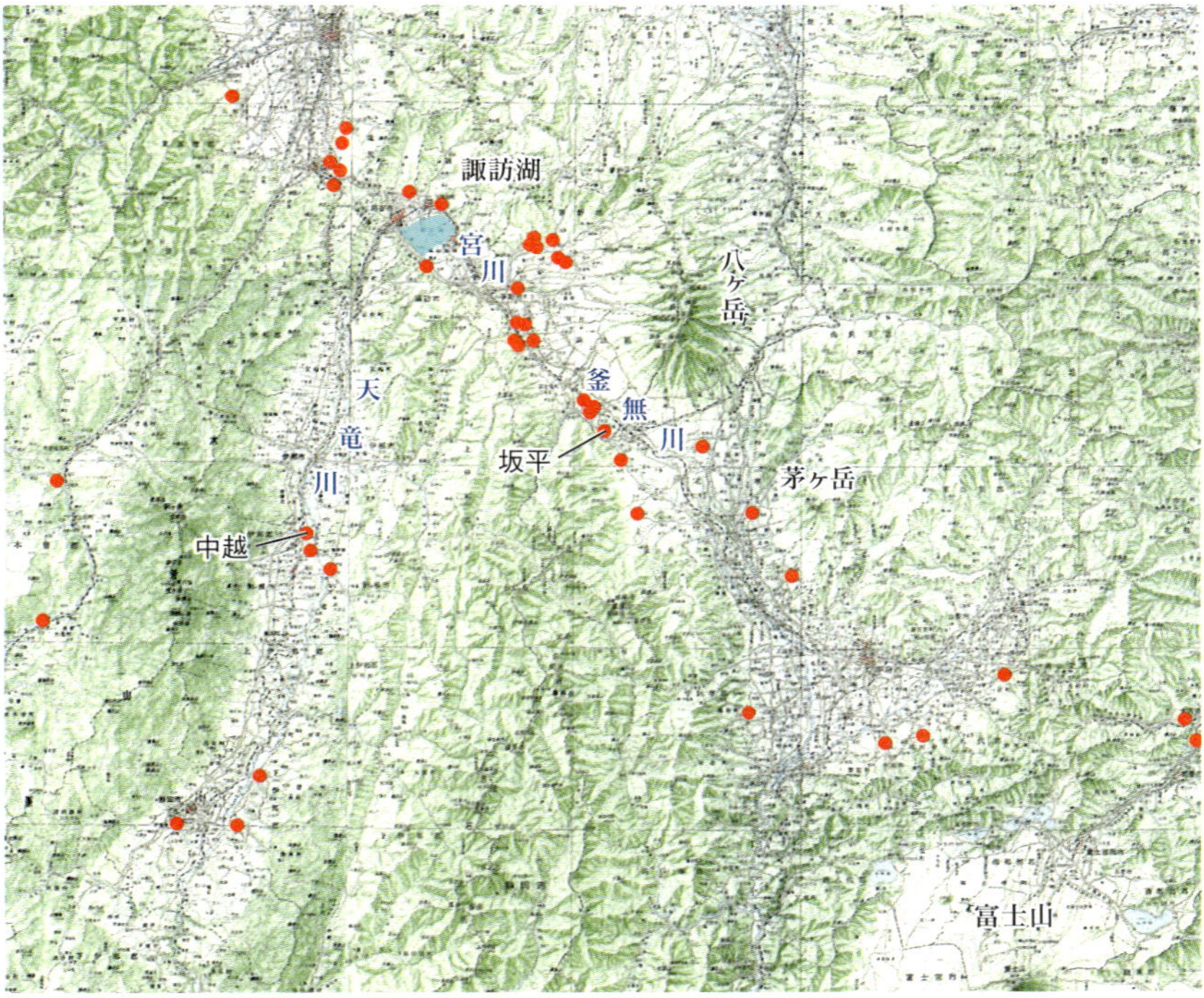

図21 ● 先井戸尻文化（中越期）の遺跡分布
中越期には遺跡の分布はまばらで、中期のような核となる4つの地域（図2参照）を明確に描けない。

に住居を構えている、机原三本松《つくえばらさんぼんまつ》などの遺跡が存在する。

生産用具は、もっぱら石匙とよばれている小型の収穫具が優勢で、黒曜石製の小型の剝片石器と、わずかばかりの石鍬、磨りうす、磨り石・凹石などがある。

後井戸尻文化

つぎに後・晩期という時間枠のなかでとくに注目されるのは八ヶ岳西麓の山浦地域である（図22）。土地改良事業により尾根全体を掘り上げる調査が数多く実施された。

集落の形成で特徴的なのは、尾根の中央に居住するのではなく、長尾根の縁辺を利用する遺跡が圧倒的に多いことである。これは八ヶ岳南麓の大花遺

図22 ● 後井戸尻文化の遺跡分布
中期（図2参照）とくらべると遺跡の数が激減し、密集しなくなる。

跡や少し西に寄った徳久利《とっくり》遺跡も同じである。

住居では、この時期特有の柄鏡《えかがみ》形住居や竪穴のない平地式の住居、それに掘立柱の建物などで構成される。さらには、大量の石を用いた石造遺構がつくられるのも、大きな特徴である。

藤森は、『井戸尻』の最後に「雑木林の生活のおわり」と題して以下のように述べている。

「雑木林の生活は、曽利の時期の進むにつれて、退嬰現象を起こし、やがて終焉をむかえる。後期を経過して晩期、もうこれらは全く井戸尻文化とは異質なもので、全国的にみた後・晩期的なものと、いささかの違いもない。」

また、爛熟した縄文世界ととらえた井戸尻文化が、時間の経過とともに衰退していくすがたに、どんな理由をもって説明できるのか、とも問答している。

第4章　山岳農耕民のくらし

1　藤森栄一の縄文農耕論

藤森栄一が縄文農耕論をはじめて世に問うたのは、一九四九年一一月二五日の『夕刊信州』文化欄に掲載された「原始焼畑陸耕の問題」である。翌年に「日本原始陸耕の諸問題」と題し、その内容をつぎのように整理して『歴史評論』(四巻四号)に発表した。

①大遺跡から出土する石鏃が少ない。立地とも関係するが狩猟生活以外が原因している。

②粗製扁平の打製石斧、石鍬・石鋤《いしすき》が石鏃と反比例して多量に出現する。

③棒の先に装着して鋤状の掘り具とした乳棒状石斧が爆発的に盛行する。

④木の実や芋類のこね具、さらに雑穀類を製粉する石皿を「石臼」と想定する。

⑤石棒や土偶は地母神《ちぼしん》信仰の一つであり、原始陸耕生活の象徴である。

⑥凹石は焼畑作業の発火に用いる上圧石と想定する。

⑦洪積台地や森林地帯に大集落が営まれるのは、縄文時代中期と弥生時代をのぞいてない。これらの事項に貫かれているものは、ユーラシア大陸新石器時代の寒冷な森林地帯にはじまったハック陸耕（掘り棒などを用いた原始的農耕）に類似するものであり、縄文中期の時代は焼畑陸耕生活によるものとの仮説を発表したのだ。

この仮説に対して周囲からの批判に容赦はなかった。伝統的に実証主義を重んじる考古学界では、農耕の決定的な証拠となるのは栽培作物の発見であり、その提示がないかぎりは認めないというのが大勢であった。しかし藤森はその後も農耕論を追究し、報告書『井戸尻』でも縄文中期の文化は農耕があった構造を示していると概説的に述べている。

藤森の農耕論の到達点といえるのは、一九七〇年に刊行された『縄文農耕』（学生社）であろう。終章「縄文中期植物栽培の起源」では、縄文中期の植物栽培存在の肯定材料として新たに一八項目について書き下ろし、石器の解釈では鍬や鋤といった農具名を用いて使い方や用途を述べ自説を補強している。そして考古学者としての農耕論をつぎのように述べている。

「私は植物学者でも、民俗学者でもない。はしくれながら考古学者であってみれば、栽培植物が出たから農耕があったとは言いたくないのである。」

「今後、発掘によって栽培植物の遺体自身が出土するにしても、これはとうぜん植物学の仕事であり、われわれは、考古学を通じ、中部高地の中期縄文文化の構造を究明すべきで、その文化構造こそ、単なる植物嗜食の強い採集狩猟民の文化とは、どうしても考えにくいという点にある。」

2 遠山郷で学んだこと

遠山というところ

わたしが井戸尻考古館に勤務して三年ほどがたった一九八四年のある日、館員の先輩、小林公明が遠山郷に連れていってくれるという。その車中で小林が語ったのはシコクビエという作物についてであった。「おらあとう（井戸尻考古館）は、この作物がほしくて、山梨のほうにも出かけたりしてずいぶん探したが、どこにもねえ。けど、やっとのこと手に入れた。それが遠山郷の下栗集落だった」と。

遠山郷は、長野県の東南の端、下伊那郡上村から南信濃村にかけての地域である。そのなかで下栗集落は、遠山川の深い谷を眼下にし、南アルプス最南部の山々を指呼のあいだに望む尾根端に位置する（図23）。平家の落人伝説の残るところでもある。

谷深く、みあげるような山腹の斜面にしがみつくようにして村がある。車を降りてすぐに、小林は「みおぼえはあるか」と問うてくる。少し間をおいて、「これが前期末の集落立地であり、稲作文化以前の作物体系と農具の関係は一体のものだ」と教えてくれた。わたしは思わず合点した。

アワ、コキビ、ヒエ、タカキビ、シコクビエ、ほかにソバ、ムギ、豆類、エゴマ、シソ、コンニャク、ヒョウタン、ジャガイモ、サツマイモ、各種の野菜、赤石茶《あかいし》とよぶ茶葉などが所狭しと栽培されている。遠山郷下栗に稲の文化が入り開田されるのは江戸時代の終わりころであり、それまではもっぱら焼畑に依存していたという。

縄文との対話

幾度となく遠山を探訪している小林は『八ヶ岳縄文世界再現』（新潮社、一九八八年）のなかで、遠山からみえてきたことをつぎのようにまとめている。「これらの作物の組み合わせや、山腹斜面の畑と家々のたたずまいは、「照葉樹林文化」の世界や、「東南アジア山地民」のような景観を思いおこさせる。さらに、遠山で採集したいくつかの鉄製農具に注目して、まずテンガと呼ばれる小さな手鍬は、草取りや豆類の植え付け、あるいは芋掘りなどに使用しているもので、いかにも東南アジア的な農具であり、我々が見慣れている縄文時代中期のものと寸分たがわない。

また、トンガ呼ばれているのは、この辺でいう唐鍬で、身が厚くて小ぶり。石ころの多い、山砂利質の畑に適応した形態のもの。その身の形と大きさは、

図23●遠山郷下栗集落
標高800～1100ｍの急峻な斜面に、民家やソバ畑、茶畑がへばりつくようにある。

縄文の大型なものとそっくりである。

下栗の山崎今五子さんが愛用している鍬。その刃は見事に片減りして、斜刃と化している。土壌の流出を防ぐため、いつも谷側から土を引き上げるように使う。その結果、片方の角が次第にすり減ってしまった。下栗の鍬を見て、それはもっぱら、片側だけから土を搔き上げて、畝を立てたり、土寄せをするためでゆえに身幅も広くできている。

縄文時代に多量の鍬（農具）があること自体、常畑が存在したことの証拠であるが、畝を立てたり、土寄せをする鍬（農具）があることは、条播《じょうは》という農法（平行した畝を作り種を撒く）を示すのみならず、相当に集約された農耕が行われていたことの証拠でもある。」

これまでみてきた先井戸尻文化の位置づけや山岳民族というとらえ方、あるいは考古遺物からの立証作業など、旅の経験が継続してきた学問の論理構築に活かされていると知ることができた。

3　縄文農耕を支えた石器群

石製農具と畑作

藤森の亡きあと、武藤雄六が農耕論および藤森の精神を受け継ぐこととなる。それは藤森の指導のもとで七年半にもおよぶ井戸尻遺跡群の発掘でえられた資料を保管し、展示公開している井戸尻考古館に席をおいているという理由が大きかった。そして今日まで、館の運営と研究を進めてきた武藤と小林の二人が主体となり、縄文農耕の実証作業を固めてきた。

小林は石器の研究に長けていた。小林は曽利遺跡の報告書作成にあたり、総数一二〇〇点の石器を実測する作業をとおして、縄文中期の主要な石器群が、雑穀農耕の全作業過程をになう農耕具にほかならないと認識するにいたった。一九七八年に刊行された報告書『曽利』には、つぎのようにまとめられている。

「中期の打製石器群が、耕作から収穫に至る農作業段階に応じた機能と形態で構成されており、それは、下伊那地方の弥生時代の畑作農業を支えた各種石器群の在り方と基本的に相似する、（中略）農作業の過程は、三つの段階から成り立つ。最初の播種。中間の生育管理、最後の収穫である。したがって農具もまたこの三者、すなわち耕作具、中耕除草具、収穫具に大きく分かれる。（中略）それ故、原則的にいわゆる打製石斧は石鍬に、いわゆる石匙は各種の中耕除草具の呼び方に、いわゆる横刃型石器は打製石庖丁に、それぞれ改称して差し支えないだろう。」

こうした石器の理解と農耕論の立証作業の集大成といえるのが一九九一年に発刊した『富士見町史』上巻の「石器よりみた生業」である。それらの成果をわかりやすくまとめるとつぎのようになる。

耕作具

石鍬には、大きく分けて、土を掘り返す耕起用の打ち鍬と、作物を植えつけたり種をまいたりするために土を平行に盛り上げる畝立《うねたて》用の引き鍬がある（図24）。石鍬のなかには、明らかに片手使いのものがあり、これを手鍬とよんでいる。また、土を掘るために適した形のものを、石鍬とは区別して石鋤としている。

打ち鍬　均斉な刃もった身が細長い形の石鍬で、もっぱら耕起用に使用した。均斉といっても、多くはゆるい円弧形で、たまに角張ったものもある。出土する石鍬は破損したものがかなり多く、そのうちの七割方はこの均斉な刃の鍬である。ひときわ細身な形のものは粘土質の固い土を掘る道具と考えられる。

引き鍬　偏刃《へんじん》で幅広な刃をもった石鍬で、もっぱら畝立用に使用した。片側だけから土をかき上げて畝を立てたり、土を寄せたりするために、はじめから身幅を広くつくっている。

また、均斉な刃もった身が細長い形の打ち鍬と偏刃で幅広な刃をもった引き鍬との中間的な、均斉で幅広な刃や偏刃で身が細長い刃をもった鍬もあり、これは折衷的な打ち引き鍬であろう。畑土を起こすと同時に、左右もしくは片側へ土を寄せるような使い方をする鍬である。数は少ないが、撥《ばち》形で刃部がいちじるしく開く撥形鍬は、この辺で「イチョッパ」とよぶ唐鍬によく似ている。芝草や薔薇《ばら》などの密集する根を断ち切って広く浅く耕すのに適していて、開墾鍬の一種である。

手鍬　通常の石鍬を小さくしたもので、片手使いの石鍬である。ふつうの耕作具とするには小さい。遠山郷では片手使いのテンガという小さな鍬があり、草とり、豆類の植えつけ、芋掘りなどに使っていた。これに類する片手使いの小さな鍬は、薩摩半島、台湾、東南アジア各地にみられ、使い方も似通っている。

石鋤　掘棒に石の刃先をつけたもの。鍬とちがって、身の半ばから肩の辺に最大幅をおく尖葉《せんよう》形の石器である。遠山郷ではコンニャク棒とよぶ似たような掘棒でコンニャク芋を掘る。出土量はきわめて少ない。

中耕除草具

畑作では、栽培中に畝や株のあいだの土の表面を浅く耕す中耕と、頻繁に繁茂する雑草をとり除く除草は不可欠である。

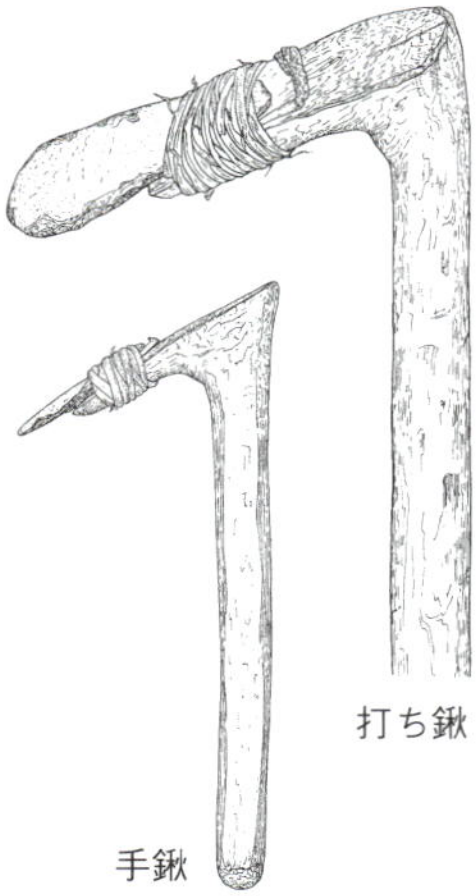

石鍬の着柄法

図24 ● **石鍬**（田枝幹宏氏撮影）
大きさ・身幅・刃形によって用途が決まる（右下：長さ12cm）。

さまざまな形態の中耕除草用の石鍬こそ、井戸尻文化を特徴づける石器である（図25）。

靴形鍬　側方からみると人の足や靴のような形をしているので、靴形鍬とよんでいる。曲刃《きょくじん》と直刃《ちょくじん》の二種類がある。

曲刃靴形鍬とでもいうべきものは、偏刃の石鍬のなかで右側辺にまで刃がのびて身が著しく傾いた、湾曲刃の石鍬である。土をかき寄せるために鍬の身を斜めに傾けて使う作業に適応した形を追求したものだ。そうした形がとことん工夫されると、半月形に外湾する刃をもつ横型の鍬になる。

もう一つは直刃靴形鍬とでも

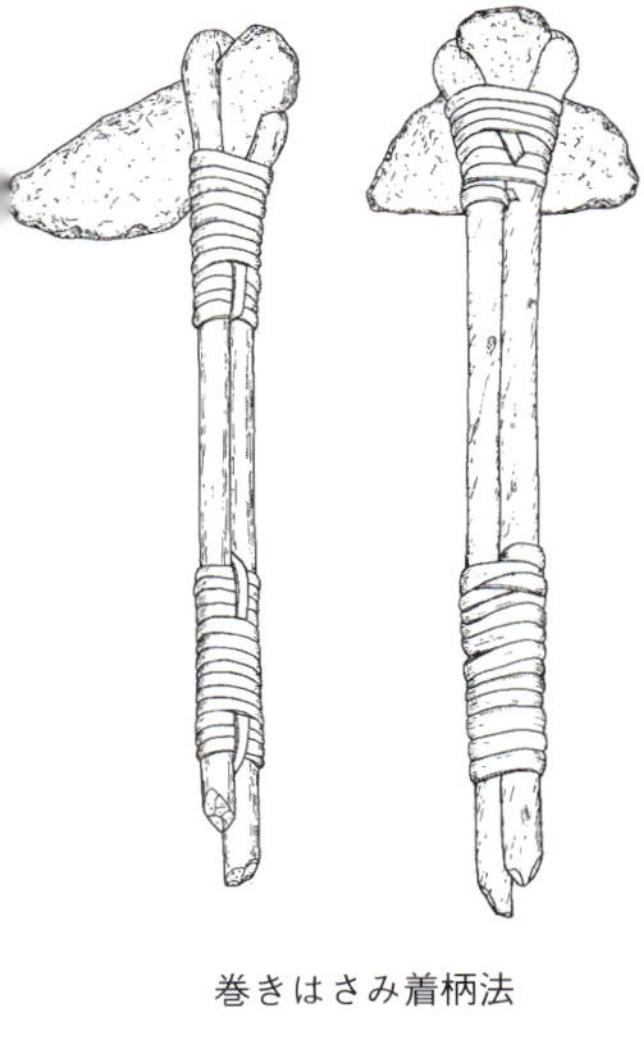

巻きはさみ着柄法

図25 ● 靴形鍬類（田枝幹宏氏撮影）
刃の形は曲刃と直刃の2種類がある。おもに除草具に用いられる（右上：長さ11.3cm）。

いうべきもので、偏刃ないし斜刃《しゃじん》の石鍬の左側辺が張り出して刃が広くなったもので、使いこなしていくうちに身丈も寸詰まりとなっていく。そうした形がいきつくと、三角形の底辺を刃とするような鍬になる。この地域で「ツルックビ」とか「カンナガマ」とよぶ草とり鎌にそっくりな形ができあがる。

曲刃靴形鍬は日本在来の農具にまったく類例のないものだが、タイ北部のヤオ族やリス族などの農具のなかにこれらとよく似たものがある。この種の鍬は、もっぱら土をかき寄せたり、間引きしたりするのにむいている。他方、直刃靴形鍬は土を削り寄せたり、草をとったりするのにむいている。どちらも斜位から横位の片手使いの鍬だから、作業上からは横手鍬とでも称すべきだろう。この農具は広角に手が行き届く作業に適していることから、条播密生型の雑穀を相手とするのではなく、点播きにする豆類や果菜類あるいは野菜類の手入れに適したものと推察される。

有肩刃広鍬　刃が広く丈は短く、身の中央に頸のような茎を有すことから、有肩刃広鍬とよぶ。明らかに畝間などの除草を主とする鍬である。立ちガンナとよぶ長柄の草かきに似た形である。

収穫具

畑作物を収穫する道具には、大きく分けて、石庖丁と石鎌の二つがある。また、まれに今日の鉈《なた》と変わるところはない石鉈、あるいは鉈鎌ともみられるものもあるが、数が少なく使い道はまだよくわかっていない。

石庖丁　円礫から割りとった、石片《せきへん》の薄く鋭い横長な縁を刃とする石器で、横刃《よこば》型石器ともよんできたものである。形態はさまざまあるが、大きくは半月形、長方形、紡錘形、鳥翼形を基本に、類似する形のものがいくつかある（図**26**）。また、長方形のものには、両側端または片端に浅いえぐりがつけられたものもある。

これら石庖丁の使い方は、石器を拇指と人差指で支え持ち、遊んでいる三本の指を閉じたり開いたりする。もう片方で穂首の下を持って石庖丁

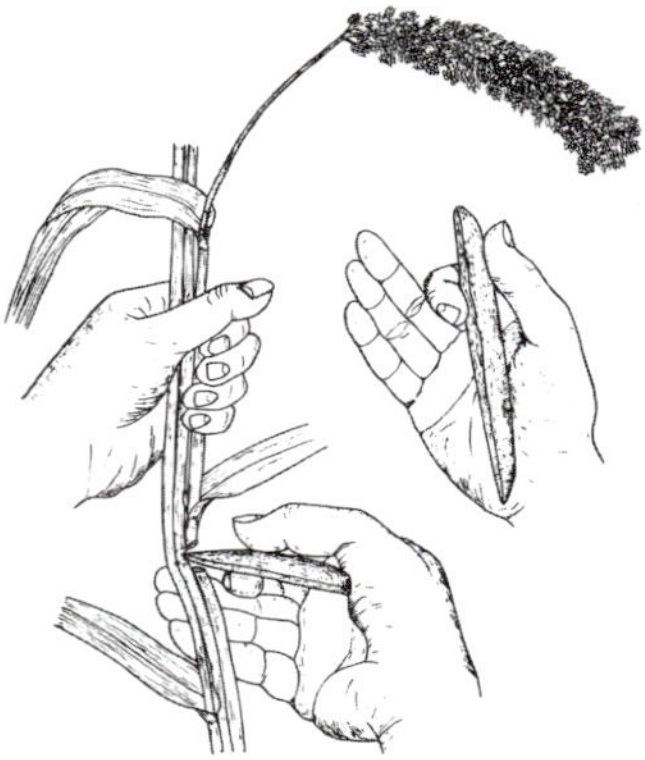

石庖丁の使い方

図26● **石庖丁**（田枝幹宏氏撮影）
形はさまざま。いずれも円礫から割りとった薄く鋭い縁を刃としている（右上：長さ15㎝）。

の刃をあて、中指以下で稈《かん》を引き寄せるや、瞬発的に庖丁を押出して切る。習熟すれば、二〇本前後の稲の株を刈ることも可能だ。

石鎌　遺跡から出土した数百点という打製石器を一つひとつとり上げて作図していくと、形態的に鎌の刃と考えて申し分のないものに出くわす。これを石鎌と仮によんでいるが、一番の問題は着柄法である。もっとも確実なのは、一尺（約三〇センチ）に足らないくらいの木柄《もくえ》にほぞ穴をあけて身をとおし、楔《くさび》で固定する方法である。しかし、この場合、石鎌の基部に普通にみられる浅く小さなえぐりの役割がうまく説明できないのが難点である。

製粉具

収穫した穀物を製粉する道具には、磨りうすと磨り石がある（図27）。手のひら一杯分くらいの穀物を磨りうすに広げ、磨り石で軽く磨ると、子実《しじつ》を包む殻は難なくとれる。さらに粉にするには、引きつづいて力を入れて磨ればよい。

図27 ● 磨りうすと磨り石
手のひら一杯分の穀物を磨りうすに広げ、磨り石で軽く円を描くように磨ると、子実を包む殻がとれる（磨りうす：長さ34cm）。

磨りうす　考古学用語としては石皿とよばれているが、井戸尻考古館では磨りうすとよんでいる。これまでにみたように各種石器が農耕具であれば、その用途にふさわしい名がふされるべきだという考え方によっている。磨りうすは縄文時代のはじめからあるが、中期のものは一方に狭いかき出し口を設け、奥側が広くなる、ゆったりとした凹面をなしている。

磨り石　遺跡を掘ると、何にそれほど使ったのかというくらい多量に出土するのが磨り石である（図28）。握り拳ぐらいの大きさの石鹸形または亀の甲羅形に磨られたもので、粉をひくのに使った道具である。使い込まれた結果、磨りうすの曲面を反映して、石鹸あるいは亀の甲羅のような形となり、つるつるもしくはてかてかしているものが多い。

手のひら一杯分の穀物を磨りうすに広げ磨り石で磨ると、穀物は白や黄の粉となって湧き出る。このことから製粉の作業は性的な動作にたとえられ、磨り石は男性とも磨りうすの子ともみなされていた。

図28●磨り石と凹石の類（田枝幹宏氏撮影）
亀の甲羅形に整形し、掌におさまる大きさのものが多い（右下：長さ15.5cm）。

中期の磨りうすのように、鏡餅のように平べったくたおやかな形容は女性を表徴しており、子宮に擬せられている。

凹石の類い　凹みをうがった石だが磨り面がまったくないもの。用途は不明だが、よく観察すると、凹みに何か役目があるわけではなく、穴をコツコツとうがつ行為そのものに意味があったようにみえる。そこには豊穣を祈る意味が込められていたのではないかと考えている。

さらに、凹石の類いより小さくコロコロしていて、まるで団子や饅頭、お供え物の餅のような形をしたものを、団子石とか餅石とよんでいる。これらはもはや実用的な道具とは思えないので、実際の団子や餅の形代《かたしろ》ではないかと想定している。

石製農具からみる農耕の形態

このように各種の石器は農具として位置づけられる。『富士見町史』上巻の「石器よりみた生業」では、これらの石製農具から想定される農耕の形態をつぎのようにまとめている。「中期の主要な打製石器についてみてくると、それらは農作業のそれぞれの過程を担う農具に他ならないことが知れたであろう。

第一に、各種の鍬が多量にそろっていることは、焼畑のような段階ではなく、常畑が開かれていたことを示す。一般に焼畑農耕では、掘り棒で突いて播種する。鍬を使って耕すというようなことは、あまりやらない。わけても、畝立てや土寄せ専用の鍬があるのは、畝をつくって条播する農法を営んでいた証拠である。

第二に、手鍬や靴形鍬、有肩鍬などの中耕除草具をそなえていることは、雑草とのたたかいを宿命とする農耕、すなわち雑穀栽培を示唆する。

第三に、各様の石庖丁をとりそろえていることは、イネ科の作物が収穫されていたことを教えている。石庖丁という石器が東アジアの新石器時代に特有な収穫具であり、アワ・キビ・コウリャン（タカキビ）・ヒエ・イネなどを相手にしたものであることは、既に知られている通りである。

これらをまとめれば、中期の農耕形態は、常畑における雑穀栽培を基幹とした集約的な農法であると推定されよう。」

このように小林は、一歩踏み込んだ農耕のあり方を考えている。

これほどまでに出土した石器を細かく観察し、用途・機能を体系立てて位置づけた考察は、今日までなかったといってよいだろう。これは曽利遺跡などから出土した石器によって導き出されたものであり、井戸尻遺跡群ひいては井戸尻文化の生業を復元したたいへん意義のある仕事と考えている。

4　列島につらなる新石器製作技術

新たな石材の確保

こうした地道な作業のなかで一つだけ疑問に思うことがあった。それは、これら打製石器の製作法である。

まず石材について。縄文時代に多く使用された黒曜石や頁岩《けつがん》などに加え、まったく異なる石材が用いられることが大きな特色である。このあたりで打製石器に選ばれる主たる石材は、硬《こう》砂岩《さがん》や粘板岩《ねんばんがん》、ホルンフェルスなどである。それらは地質学上、九州から四国、紀伊半島をとおり中部地方で大きく内陸部に曲がり諏訪地域を抜けるように日本列島を横断する中央構造線の外帯（太平洋側）にあたる「秩父帯・四万十《しまんと》帯」に産出する岩石である。

これについて現井戸尻考古館館長の小松隆史は、『藤内遺跡出土品重要文化財指定記念展「甦る高原の縄文王国」講演録集』（二〇〇三年）のなかで、「この辺りの縄文人たちが使っていた岩石と、それから南九州の方から産出する岩石が全く同じであるということ、さらには、台湾に至ってもその様相は変わらない」と興味深い発言をしている。

扁平円礫打割技法

つぎに製作法について。小林公明は石器に石材の礫皮《れきひ》（表面）が残っていることに注目した。それは打製石器のほか、前節の収穫具でみた石庖丁、つまり横刃型石器にも多くみられるものであった。小林は、この石器について「新石器的石器の製作技術」（『季刊考古学』三五号、一九九一年）で、つぎのように述べている。

「この種の石器が器種としてはっきり認定されるようになったのはそう古くはなく、昭和四〇年代に入ってからである。それもまず、下伊那地方の弥生後期の石器の一員として注目され、間をおかずに縄文時代のものにまで及んだのである。こんにち下伊那の研究者は、弥生後期のそれのあるものを打製の石庖丁とみなし、その系譜が少なくとも縄文中期まで遡りうることを認めている。」

この石器の素材となる薄い礫皮は、小林の言葉を借りて解説すると、つぎのような方法でえられる。釜無川などの河原で、なるべく扁平で手ごろな大きさの円礫を利き手に持ち、周縁の適当な箇所を衝撃点に選んで、どっしりした台石にストンと振りおろす。するとパカリと石理《せきり》（石の組織）にそって割れる。しかし、真っ二つに裂いたのでは、どちらも肉厚すぎて使いものにならない。そこはよくできたもので、礫を少しひねるようにして降りおろすと、礫の表を削ぎ落すことができて、二枚貝のような礫皮をもつ石片をとることができる（図29）。

これは板状に割れる性質をもった硬砂岩や粘板

図29 ● 扁平円礫打割技法
円礫をふり上げ、台石に強くあてると、貝殻状に割りとれる。

岩、ホルンフェルスなどの扁平円礫から、薄身で大型の石片をとり出すのに最適な方法といえる。旧石器時代にはなかった方法だ。そこで小林はこれを「扁平円礫打割技法」とよび、石鍬・石庖丁などの農具に用いられる石器＝「新石器的石器」とした。

その出現

この大型の剝片をえるための、扁平円礫の打ち割りという技術は、どこで、いつから始まるのだろうか。そこで硬砂岩やホルンフェルスなど、豊富な石材が採取できる天竜川の流域に目をむければ、諏訪湖から天竜川を下った下伊那郡の松川町にある水上遺跡や高森町の増野川子《ましのかわご》石《いし》遺跡の表裏縄文土器の時期（縄文草創期）にみいだせる。そして、飯田市の石子原《いしこばら》遺跡や飯島町の赤坂遺跡などの押型文土器の時代（縄文早期）に確認される。

こうした状況から小林は、「扁平円礫を割り裂く技法の本場は天竜川流域、なかんずく下伊那地方にあると言っても大過ないだろう。そうした意味では、まさに下伊那技法と称すべきだろう」（「新石器的石器の製作技術」）とする。

そして、当時、南九州の草創期の遺跡から打製石器が出土しているという記事に注目したわたしたち井戸尻考古館のメンバーは、一九九七年の八月に鹿児島、一九九八年の一〇月に種子島へ、出土資料の実見に出むいた。種子島・西之表市の奥《おく》ノ仁田《にた》遺跡からは、わたしたちが石鍬とよんでいる打製石器が出土していて、大きなものは一六・五センチ、小さなものは九センチくらいで、大小のセットとして出そろっていた。

一方、鹿児島県南さつま市の栫《かこい》ノ原《はら》遺跡には、扁平円礫打割技法に特有な破砕痕をとどめた剝片が三点あった。石質は硬砂岩。こうした状況は、八ヶ岳南麓の様子とまったくたがわない。小松が指摘した「南九州の方から産出する岩石が全く同じ」とした内容を考古遺物が証明したかたちだ。つまり、中央構造線にそって西から東へと新石器の製作技術を携え、人間が動いたのである。

この分布はまた、先に小林の指摘にもあった、片手使いの小さな鍬が薩摩半島、台湾、東南アジアの各地にみられ、使い方も似通っているという手鍬の分布と一致している。

5 パン状炭化物の発見

発見の状況

一九六〇年、曽利遺跡の第五号住居址から「パン状炭化物」が発見された（図30）。その時の記録が「信濃境曽利遺跡調査報告」『長野県考古学会誌』創刊号（一九六四年）に、藤森と武藤の連名で報告されている。

「三月一六日、寒さが厳しいため、朝九時から作業を始めた。炉の西北一・四メートルに石皿がある。また石皿の西八十センチからは完形の釣手土器が出土した。（中略）床面上には、普通の炭化物も非常に多かったが、特に炉址の西側からは大変な炭化物が出てきた。コッペパンを蒸焼きにした様な炭化物である。そしてそれらはバラバラに壊れて一様に拡がり多量に遺存していた。
石皿の前には径五十センチ深さ五センチのロームの床に凹みがあり、その内には特に多い。また三号住居址との境界附近の床面上の凹みにも、石皿の凹みと一致する炭化物三個分と、捻餅《ねりもち》状の炭化物とが発見された。捻餅状の炭化物は幸いにも完形であったので、石膏で固めて採取する。」

調査を指導していた藤森は、午後になって発掘に加わることとなり、その日担当していた武藤盈《みつる》と作業を進めた。そのときの様子についてつぎのように報告している。

「武藤盈の採取していた西に接して、今度はかなりまとまった形の炭化物に当たった。そこで指頭とナイフで完全に掘り出し、直ぐに石膏でこれをかためたのである。それが、恰も、最近までこの辺で普通に食品として作られた「ひねりもち」と全く同じ形態であったことに、われわれは驚嘆し、炭化物の摘出に躍起となったのである。」

図30 ● パン状炭化物
曽利遺跡第５号住居址の床面から出土。炭化食品には葉脈がついている（右：長さ 15.6 cm）。

これで終わりではなかった。バラバラで出土した炭化物を復元することにしたのである。この復元には武藤雄六があたっている。ようやく復元できた炭化物への思いが、武藤の報告からうかがい知ることができる。

「何分にも合致させるべき施文もなく、内部に挿入するべき小片には、符合する面を捜すため、全部の小片の各面に実際当たってみるより方法がない。ようやくそれらの個体のうち、二個が楕円形らしいと分かるのに約一年、そして二年目にいたって、とうとう二個のパン状の形の炭化物となったのである。」

この復元された二個体には、つぎのような大きな発見があった。

「共に大きな濶葉《かつよう》樹の葉か、笹の葉が上下両面に当ててあったもようで、ところどころに葉脈らしい痕跡が残っているが、樹種はわからない。表面はわれわれが知っている「お供餅」が焼かれたときとおなじに、一種のブツブツ状の小凸起と、縞状の組成が見られる。（中略）内部の炭化物質はかなり緻密に膠着し合っている。比較的似たものは赤砂糖から作られたカルメラ、それから米から作った餅であろう。中にときどき粒子状のものも介在することは事実だが、主体部をなすものは、よく練りより捏ねられた澱粉質の物質であろうと思われる。」

「信濃境曽利遺跡調査報告」の文章を長々と引用したのは、パン状炭化物の発見が藤森ら縄文農耕論者の待望していた植物、それも加工食品であったからで、その発見現場の臨場感を読者に伝えたかったからである。

塊状炭化物の出現とその正体

藤森らは、このパン状炭化物の正体をつかむため、考古学研究者以外の協力を借りる必要があった。発見当初、早稲田大学の考古学者、古生物学者であった直良《なおら》信夫に鑑定を依頼し、「カタバミとササの核らしきものを検出した」との報告をうけた。また、一九六三年には東京大学の人類学者、渡辺直経《なおつね》に依頼したが、「その結果については報告が届いていない」と、いずれも「信濃境曽利遺跡調査報告」（前掲）に記されている。

このパン状炭化物の正体が不明のまま、藤森は一九七三年に鬼籍に入ったが、その翌七四年に諏訪市の荒神山遺跡、七五年に原村の大石遺跡、七七年に原村の上前尾根《かみまえおね》遺跡、七八年には八ヶ岳山麓から離れた東京都町田市のなすな原遺跡でも塊状《かいじょう》炭化物の発見があいついだ。

このうち大石遺跡の塊状炭化物の分析内容がいち早く、一九七七年に大阪府立大学農学部の松本豪によって報告された（「長野県諏訪郡原村大石遺跡で発見された炭化種子について」『季刊どるめん』一三号）。実体顕微鏡を用いて観察した松本によれば、「大石遺跡第一八号住居址、第一九号住居址で発見されたタール状の塊りは、塊りから分離した少量の頴果《えいか》を現在の禾本科《かほん》植物と比較した。その結果、アワの頴果に類似したので、アワが炭化する過程でできたものと思う」と報告した。さらに松本は、「荒神山遺跡第七〇号住居址からの炭化頴果も、大石遺跡発見のものと全く同じであった」ので、「アワの頴果が炭化する過程で生じたもの」と補足したことで、これら塊状炭化物が栽培作物のアワとして認知されていった。

このことは、農耕論肯定論者にとってみれば物証をえたも同然であり、栽培作物の炭化物＝

栽培の証拠、すなわち農耕の実証といった図式ができていったのだった。

荒神山遺跡出土の塊状炭化物については、長野県遺跡調査指導委員会会長の戸沢充則の指導もあって、渡辺直経と植物学者の佐藤敏也の二人に分析が依頼された。佐藤に依頼した資料を松本豪が引き受けて、その結果がいち早く報告されていた。一方の渡辺に依頼された資料は、植物考古学者の松谷暁子と岡山大学農生物学研究所の笠原安夫、大阪大学理学部の粉川昭平が分析を引き受けた。

松谷らによる分析は、一九八〇年に入って、資料表面の構造を微細に観察することができる走査型電子顕微鏡を使うことで、〝わらじ状細胞〟とよぶべき特異な細胞構造をみいだすことができた。松谷は当初、この〝わらじ状細胞〟がどのような植物に由来するものか見当がつかなかったというが、なすな原遺跡の資料を観察するなかでエゴマと直感して、現生のエゴマの果皮を除去して観察し、この〝わらじ状細胞〟がエゴマに由来し、かつ近縁のシソからもみいだすことができたのである（松谷暁子「エゴマ・シソ」『縄文文化の研究』二巻、雄山閣、一九八三年）。

その後、一九九〇年代に入って開発された放射性炭素法のＡＭＳ法とレプリカ法の研究などとあいまって、縄文時代の栽培植物は、早期にアサ、ヒョウタン、エゴマなどが利用され、前期に入るとダイズの野生種であるツルマメやアズキの野生種であるヤブツルアズキ、それにヒエ属も利用され、それが中期になると栽培ダイズやアズキ、ヒエに相当する大きさの穀物が利用されるまでになったことが明らかにされている。

曽利遺跡のパン状炭化物

さて、本題の曽利遺跡出土のパン状炭化物であるが、これも松谷が荒神山遺跡出土の塊状炭化物を渡辺直経から引き受けた際に一緒に譲り受けて分析をおこなった。

松谷は、この曽利遺跡出土のパン状炭化物を走査型電子顕微鏡で観察したところ、〝わらじ状細胞〟などが検出されたが、粒でみいだされた大きさから「エゴマよりシソの可能性が大きいと考えられる」としながらも、エゴマも含まれている可能性も否定しなかった。そして、曽利遺跡出土のパン状炭化物の内部はかなり癒着してタール状になっており、シソやエゴマに由来しても、ほかに澱粉質が含まれているとすれば、それはシソやエゴマ以外の植物に由来するとして、その解明は今後の課題であると、前述した「エゴマ・シソ」で指摘している。

まだ謎多き塊物

富士見町では慶弔や折々の祭事または彼岸の中日におはぎを食する習慣がある。もち米とうるち米を半々で炊き上げ、いくらか突いてつぶして丸め、それに焙烙《ほうろく》などで炒ったアブラエ（エゴマ）を擂鉢《すりばち》でつぶして、砂糖と塩を加えて薬味としてまぶす。近年は、アブラエを自家で栽培することが減り、市販の白ゴマや黒ゴマを薬味にもちいることが多くなってきている。

アブラエの特徴は何といっても香ばしさにある。黒ゴマや白ゴマにはないものだ。食用にするのはもっぱら完熟した果実で、アブラエとシソの実を一緒に調理する料理やそれを食する習慣、そして搾油・製油にかかわる話は聞かない。

こうしてみるとエゴマとシソの使途は限定的で、主穀物にはなりえないことが知れるだろう。すると、主体をなすものは、よく練りより捏ねられた澱粉質の物質であり、薬味としてエゴマが用いられているというのが、パン状炭化物の構造なのかもしれない。

このように郷土食にまで目をむけて推測すると、日常の食べ物ではなく、農事や祭事など特別なときに食する食べ物であったと思えてくる。とすれば、潤葉樹の葉とみたものは、かつて料理を盛るために使われ、端午の節句の柏餅に残っている柏の葉ではないかとも期待をしてしまう。

また、曽利遺跡、荒神山遺跡、大石遺跡ともに、炭化食品が出土した住居は焼土や炭化材が検出されていることから火災住居とみられ、火とのかかわりがあるようだ。そして曽利を除けば、炭化食品は一回の食事に満たない量である。調理のどの過程で炭化したのか、あるいは火入れをする家屋にかかわる祭事や儀礼の供物として持ち込まれたものかなど、この食品の役割についても解明していかなくてはならない。一部の成分が判明したパン状炭化物、まだ謎多き塊物だ。

第5章　縄文図像学の世界

1　縄文土器の図像学

井戸尻遺跡群から出土する土器は、立体的に装飾され、抽象的な文様で器面を充塡するものがある一方、具象的な蛙や蛇、それに一本足の得体の知れない生き物（わたしたちは「みづち」とよんでいる）、さらに人面のつくものまでさまざまだ。これら多様な土器造形が一挙に花開いた文化というのは、列島で展開した長い縄文時代を一望しても、ほかに知られていない。これこそが井戸尻文化の特色だということになろう。

この五〇年来、井戸尻考古館を中心に、土器文様の〝解読〟という分野が開拓されてきた。その先頭でとり組んできたのは、武藤雄六と小林公明、そして縄文図像研究者の田中基《もとい》らであった。生活用具としての器の域を超えた造形と文様、そこに込められた意味を追究した。

縄文図像学をリードしてきた小林の言葉を借りれば、「文様の意味を知ることは、ひっきょう同時代の人のこころを知り、ひいては思想にふれ精神文化像を探ることである」「だからまず、文様には相応の意味があり、無意味なものは何ひとつ描かれていないと信ずることが大前提となる。心持ちとしては、文様を描いた人間に全幅の信頼をよせ、意識を同化させることに努めることだ」となる(「世界観と神話像」『富士見町史』上巻。以下、本節での小林の引用はとくに断らないかぎり同書)。

縄文土器の研究に図像学的な方法をとり入れたことにより、文様の意味あるいは背景を知るという新たな局面を迎えるにいたったのである。その成果のうち、いくつかを引いて眺めることにしよう。

蛙文

曽利遺跡から出土した桶形の深鉢に、大ぶりの蛙像が描かれている(図31)。半球形の胴と飛び出すかのような目、不思議かな、その目は脇の下にぶら下がるようにつけられている。前肢は短く水かき状で、後肢は長くL字状に折れて横帯する隆帯に合わさり、先端は鰭《ひれ》状に二股になっている。

わたしたちが蛙の生態で知っていることといえば、平均で一〇〇〇個ほどの産卵をすること。幼生は四肢がなく、鰭のついた尾をもち、俗にオタマジャクシとよばれること。脱皮を繰り返すこと。冬眠すること。その肢体は紡錘形で、前肢が短く、後肢が長いこと。飛び出た丸い眼などをあげることができる。しかし、これらの特徴をもって、器物に描かれた蛙文を説明し、

図 31 ● 蛙文・みづち文大深鉢（田枝幹宏氏撮影）
大きなぎょろ目と長い後肢が特徴的。蛙文の反対側には大柄なみづちが描かれている（曽利遺跡出土、藤内Ⅱ式、高さ 55.5 cm）。

理解することはできない。縄文人にとって、蛙の何が描写へと駆り立てたのだろうか。

この土器が出土した住居からは、これを簡略化したような図文があらわされた有孔鍔付土器も出土している（図32）。筒のような両目の下方から左右の前肢が発して、指先は四本指につくられている。また、井戸尻遺跡からも、よく似た形の有孔鍔付土器が出土している。環状のつくりを左右からあわせたような造形（これを双環突起とよぶ）、そこから発する三本指の手が四つ描かれている。

これらからは、双環突起が蛙の両眼をあらわしていること、三本指が圧倒的に多く、水かき状にあらわしているものがあること、手の甲は厚く高まり手首の関節でくびれ、瘤のように盛り上がるようにつくられていることがわかる。蛙本来の特徴が誇張され、さらに別な要素が重ねられていることがみてとれる。

三本指で思い起こされるのは、藤内遺跡出土の有孔鍔付土器にあらわされた図像である（図33）。手を上げ、また下へ長くまるくなり、その指は三本である。紡錘形の胴体につく後肢は鰭状になっている。

この図像について小林は「半人半蛙像」と呼称し、神奈川県相模

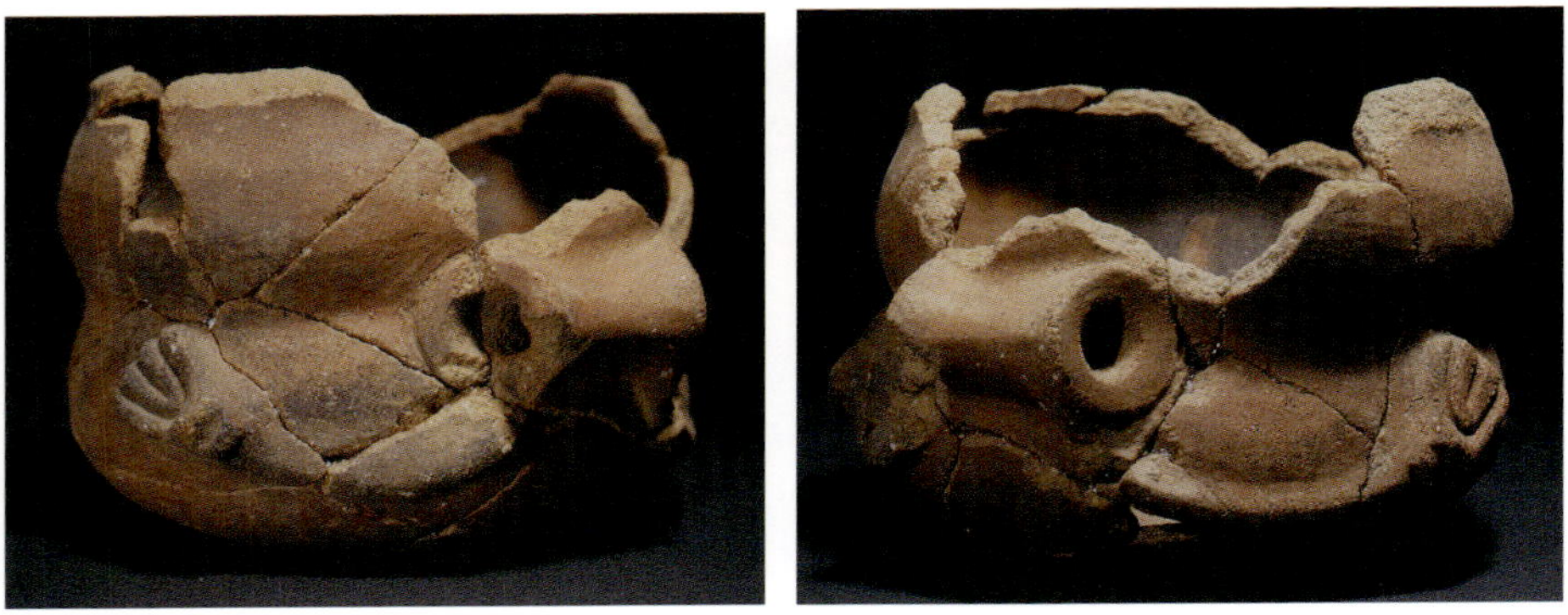

図32 ● **蛙文有孔鍔付土器**（田枝幹宏氏撮影）
ラッパ状のぎょろ目。目の下からは左右に前肢がのびている（曽利遺跡出土、藤内Ⅱ式、高さ13.8cm）。

図33 ● **半人半蛙文有孔鍔付土器**（田枝幹宏氏撮影）
前肢は３本に、後肢はみずかき状につくられている。反対側には太陰文が施されている（藤内遺跡出土、藤内Ⅰ式、高さ51.7㎝）。

原市の大日野原《おびのっぱら》遺跡や同県平塚市の上《かみ》ノ入《いり》遺跡、九兵衛尾根遺跡出土の土器の図像も参照して、背には女性器の形象が重ねられているとする。また、手首が関節のように盛り上がっているのは、生後まもなくの赤ん坊、それも発育が順調でまるまる肥えた赤ん坊の手と一致するという。それにこうした蛙文が、酒づくりの土器とも考えられている有孔鍔付土器にことのほか多く描かれていることから、酒とかかわっているという。さらにいくつかの資料を加えて「蛙・半人半蛙の像・女性器および宝貝・赤ん坊の手・酒といったものが渾然一体となって、あるひとつの観念を表徴している」と指摘している。

こうして土器に描かれた蛙文を眺め、思いつく生態・肢体を見返しても、なぜ蛙なのかという一番知りたい疑問は依然として不明なままだ。

そこで小林は、もっとも古くて伝統的かつ明白な蛙に対する観念をみいだせる古代中国の文物や古典に目をむける。紀元前五〇〇〇年から前三〇〇〇年ごろに黄河中流域に栄えた仰韶《ぎょうしょう》文化の彩陶《さいとう》をはじめ、殷周《いんしゅう》時代の青銅器、漢代に伝承した古典と比較検討し、「蛙・半人半蛙の祖霊・女性器および宝貝・妊娠した女性・水もしくは酒・死者への副葬となり、これらがあわさって一つのまとまりある観念が構成されている」とし、「井戸尻文化の観念像ときわめてよく対応一致する」という。

中国漢代にいたって蛙は月におさまるとし、湖南省長沙の馬王堆《まおうたい》一号・三号の漢墓から出土した帛画《はくが》（絹に描かれた絵）に描かれた月に踏んばる蛙像について、「蟾蜍《せんじょ》、それは光らざる古い月、しかし三日月に抱かれて、これから甦らんとする月の精にほかならない。言い換えれば、欠けてはまた満ちる月の不死性を象徴する生物なの」であり、「月こそ、死と再生の源泉だった」と解く。

こうした導き方こそが図像学の本領である。ここにきてようやく蛙の背後にあって、姿をみせないものが明らかとなった。土器の蛙は、大量の産卵が多産に、脱皮や冬眠することが月の不死性や再生に観念づけられていたことが知れる。そうした観念で描かれた容器によって調理されたものは、不死または再生が約束された食べ物だと信じられたのである。

蛇文

蛇も蛙とならんで土器文様によく登場する（図34）。深鉢、有孔鍔付土器、蒸器形土器など幅広くみられる。蛇は一〇個ほどの卵を産み、脱皮する、冬眠するなど、蛙と似た生態である。すると、蛇も蛙と同様に、月と不死性を象徴する生物であると考えられていたと思われる。

蛇に関する民話でわたしたちが知っているのは、ロシヤの日本学者ニコライ・ネフスキーが採集した、

図34 ● 蛇文有孔鍔付土器
とぐろを巻く蛇が向かい側にも描かれている。
（藤内遺跡出土、井戸尻Ⅰ式、高さ12.3cm）

沖縄の宮古島に伝わる、つぎのような話である（N・ネフスキー、岡正雄編『月と不死』平凡社、一九七一年）。

昔、宮古にはじめて人間がすむようになったころ、お月様とお天道様が人間に長寿の薬を与えようとして、アカリヤザガマという者を使いに降ろした。アカリヤザガマは、片方に変若水《おちみず》、もう一方に死水《しにみず》の入った二つの桶を担いできた。ところが途中でちょっと休んだ隙に、一匹の大蛇があらわれて、人間に浴びせる変若水をジャブジャブあびてしまった。驚いたアカリヤザガマは、仕方なく泣く泣く死水のほうを人間に浴びせた。

天にのぼってことの委細を報告すると、お天道様はたいへん怒り、永久の罰を加えた。そのため、アカリヤザガマは今でも桶を担いで月の中に立っている。死水を浴びてしまった人間は死んでいかねばならないようになったが、蛇はその時から終始脱皮し、生まれかわって長生きしている。

口縁を這《は》い、なかをのぞきこんで、物欲しそうにしている姿は、いかにも不死の水を盗みとろうとする蛇を想わせる（図35）。

みづち文

一本足の得体の知れない生き物。一見して遊泳する水棲動物のようでもあり、その奇異な形から山椒魚文とよばれたこともある。その頭は丸く口をあんぐりと大きく開け、胴は太く上が丸く跳ね上がり、尻尾は長くくるりと巻き、なぜか水かきのような足が、それも一本ついてい

図35 ● 蛇文深鉢
なにか物欲しそうに容器の縁を這う蛇（曽利遺跡32号住居址出土、藤内Ⅰ式、高さ30cm）。

図36 • みづち文深鉢
口を大きく開け背を丸めて尾をのばす、一本足の「みづち」が一対描かれている（狢沢遺跡出土、藤内Ⅰ式、高さ34㎝）。

る、摩訶不思議な描写をしている。

この文様が描かれる土器は、総じて深めの桶のような形をした土器で、下半部に土器をつくったときの輪積み痕を残すものが多い（図36）。それがあたかもゆらゆらとした水面か泥海を思わせる。そして、口縁部につづく上半分は、無文か縄文を施し、それは胴とその下半部の水界に対して、天の領域をあらわしているとは小林の言である。その水界に生息する主は、山椒魚か、魚の類か、または竜の肢体か、いずれにしても水棲動物、想像の生き物であることから、わたしたちは日本神話や伝説に登場する「みづち」と呼称している。

中国の雲南などの少数民族に伝えられている創世神話では、巨大な魚や亀が大地を支えているという。また、古代中国の神話には、天帝に洪水を防ぐ治水対策を命じられた鯀《こん》が、こともあろうに天帝の息壌《そくじょう》（土を増殖する能力のある怪物）を盗んで罰せられたが、その息子の禹《う》が父から引き継いだ息壌を用いて洪水を治めたという説話がある。鯀は亀、禹は竜の化身ともいわれているように、その原像は水棲生物だということである。つまり、土器図像のみづちは天地のはじまりや洪水の神話に由来するものと考えられるのである。

人面付深鉢

具象的な造形に、蛙や蛇のほかに人面がある。立体的な造形で、口縁部におかれている（図37）。ところがきちんとついた状態で出土することはまれで、たいていは人面の部分だけで出土し（図38）、本体の土器は不明なまま。この点に注目した小林は、「この土器は最後に人面が欠き取られ、本体は壊されてばらばらになる運命にあった」とする。

「土器の本体は、月母神の体もしくは体内に見立てられることから、月神の体は殺められ、首だけが保管される。母神としての豊満な体から切り離された首は、もはや母神にあらず、月の稚児である。これは、月の死と再生の模擬行為にほかならない。また、首を欠き取るという行為の背景に、収穫時における穂刈という作業が想起されているに違いない。

そこで思い当たるのは、「記紀」に書きとめられた食物神の伝承である。

大宜都比売《おおげつひめ》：食物神。須佐之男命《すさのおのみこと》に殺され、その体から穀物などが化生した。大宜都比売はまた四国の粟の国の名前である。（古事記）

保食神《うけもちのかみ》：食物神。月夜見尊《つくよみのみこと》に殺され、その体から穀物などが化生した。（日本書紀）

稚産霊神《わくむすひのかみ》：火神の軻遇突智《かぐつち》と土神の埴山姫《はにやまびめ》の子であり、臍の中に五穀が生った。（日本書紀）

これらのうち須佐之男命を除けば、人面付深鉢の形容として申し分ない。火神と土神の子は土器であり、稚い産霊とは人面の童である。その臍つまり深鉢の腹に五穀が生るというわけである。人面付土器の首を欠き取るという行為は、まさに収穫時における穂刈という作業であり、作物化生神話の実演そのものである。」

このように図像学的な方法によって土器を眺めると、小林が明らかにしたように、月を中心にすえ、蛙・半人半蛙の像・女性器および宝貝・赤ん坊の手・酒といったものによってつくられた世界、つまり太陰的世界観が井戸尻文化を支えていたことがはっきりとみえてくるではないか。

図37 ● **人面付深鉢**
人面が付いた状態で復元できた例はきわめて少ない（下原遺跡出土、井戸尻Ｉ式、高さ36.3cm）。

図38 ● **欠きとられた人面**（田枝幹宏氏撮影）
人面は中空につくられ、切れ長な目に
稚児をあらわしている（曽利遺跡出土
藤内式、高さ18.9cm）。

神像筒形土器

円筒形の土器に抱きつくような恰好で神像が造形された土器（図39）。頭部は中空で、口縁部にのるようにおかれ、髪はうなじの左右に束ねて、肩から背中は逆三角形。顔面は双環、もしくは双孔の目だけ。これが、縄文人が共通に思い込んでいたであろう神の風貌である。目眼は正面の円孔が左眼で、口縁に沿うような縦方向に空けられた雫形の孔が右眼である。目尻は蕨手に巻いている。よく似た表現の眼は双眼をのせる土器にいくつか知れる。

毬のように膨れる両肩は、じつは土器の内面からつづく半球形の空洞となっている。それは人間の脇の下にある凹みである。そこから下方に発する両の腕は、やはり中空で、土器を抱くようにして内側に巻く。この腕の巻き方は、月の生長と減殺《げんさい》の軌跡をあらわしている。左巻きに収斂《しゅうれん》する動きの右腕が生長に、右巻きに収斂する動きの左腕が減殺にあてられる。それゆえ右の腋窩は朔月、左の腋窩は望月の籠るところとみられる。

北西アメリカの諸族やアフリカのサン族に伝わる神話には、カラスの翼の下や「太陽の男」の脇の下に月と太陽が隠されていて、世界は闇と寒さに閉ざされているが、このものから天体が放たれることによって光明がもたらされるという。似たような話は、マレー半島のセマン族にも伝えられ、古代の中国と日本にも知られる。古代の朝廷で祭祀を担った忌部《いんべ》氏が八〇七年に撰上した『古語拾遺』に、日神アマテラスは御子のアカツノミコトをつねに脇の下に抱えて可愛がっていたという、「腋子《わきご》」の語源となる説話で知られる。望月は日輪に通じるから、この像はそうした神話の所産であり、日と月の創造神と目される。

図39 ● **神像筒形土器**（田枝幹宏氏撮影）
肩は器の内面から半球状におされ、ふっくらとしている
（藤内32号住居址出土、藤内Ⅱ式、高さ56㎝）。

五重深鉢

五重深鉢は、藤内遺跡から出土した五段に重層する器形の土器である（図40）。なにか絵文字を思わせるような文様、濃茶褐色の重厚な器膚《きはだ》は、思わず感嘆の声をもらしてしまう絶品である。惜しいことに、口縁の上に突出する部分の造形と底ちかくの一部を欠く。写真の姿は推定復元されたものである。

最下段には長方形区画文が上下それぞれ四つ配されている。下の文様は一つを残し欠損していて詳細は不明だが、上の文様は完全に残っていて四つとも異なる。二段目には同じ菱形の文様が四つ、三段目には「大」の字を横にしたような文様が四つ、四段目には七つの異なった文様がめぐらされている（その一つは欠けており推定復元された）。その上、五段目には蛙のような文様があらわされている。

これらの文様の来歴についてはいまのところつまびらかにできないが、基本的にはみな月の満ち欠けに関係するものと想定している。それらが四単位であるのは、冬至、夏至、春分、秋分の二至二分点と東西南北の方位、四つの季節を示し、七つの文様は太陽と満月の相反する運行が冬至から出発して夏至に至り、ふたたび戻ってくる道程を一カ月ずつくった日月の七つの軌道、すなわち古代中国でいう「七舎《しちしゃ》」の観念を表明するものと推察される。

いずれにしても、深鉢は一般に円筒形の土器をさし、たいていは煮炊きに用いられたものだが、これほどの器は特別な祭礼のときに使われたもの、あるいはこの作品自体が象徴的な役割をになっていたものと考えられる。

図 40 ● 五重深鉢
一段ごとに異なる図柄が横方向に展開している。口縁の一角に人面がのる（藤内 14 号住居址出土、藤内Ⅱ式、高さ 57 cm）。

2 縄文の神話と富士眉月弧

火の起源

香炉《こうろ》形土器とか、釣手《つりて》土器とよばれている土器がある。煮炊きに用いられる容器ではない。一九六六年、伊那市の御殿場遺跡から人面のついた香炉形土器がほぼ完形で発掘されたが、それと瓜二つの土器が一九六九年、曽利遺跡から出土した。ただ惜しいことに人面は頸から欠きとられていた。出土してまもなく、御殿場遺跡のものを参照して人面を復元している（図41）。

この二つの土器の造形に、火の起源神話を読みとったのが田中基である（「メデューサ型ランプと世界変換」『山麓考古』一五号、一九八二年）。田中は、これらの土器は女神の胎内、とりわけ陰部から火が舞いのぼるようにつくられ、かつ使われているという。つ

図41 ● 人面香炉形土器（田枝幹宏氏撮影）
発掘時、頂部の人面は欠きとられていた。人面部分は復元（曽利29号住居址出土、曽利Ⅰ式、高さ47cm）。

いで土器の裏側について、これは恐怖を誘う顔、切断された首であり、ギリシア神話でペルセウスによって首をはねられたメデューサを想起させるというのだ。

さらに、『古事記』のイザナミを引く。あまたの神々を生んだイザナミは、しまいに火の神である火のカグツチを生んだことによって、陰部を焼かれて死んでしまう。黄泉《よみ》の国にイザナミを追っていったイザナキがみたのは、蛆《うじ》がわき、八種の恐ろしい雷がたかっている姿だった。そこから逃走したイザナキは、やっとのことで黄泉比良坂《よもつひらさか》を巨岩で塞いで、現世に還る。この人面香炉形土器の表と裏は、このイザナミからの火の誕生と、黄泉の国での変容、すなわち冥界分離神話にぴたり符合すると解した。

この人面香炉形土器が出土した曽利遺跡の二九号住居址からは、もう一つ、やや小ぶりの香炉形土器が出土している（図42）。小林は、この二つの香炉形土器のあり方は冥界分離神話をあらわしているという。火神の誕生によってイザナミを失ったイザナキは、悲しみのあまり長剣を抜いてカグツチの首を斬り落とすという『古事記』の記述から、大きい香炉形土器がイザナミ、小さい香炉形土器がカグツチではないかと推察した。そこに母と子がならんでいたのである、と考古学的な所見をもとに冥界分離神話説を補強している。

図42 ● 香炉形土器
図41とならんで出土した。本面側が欠かれていた。中央の橋状把手は復元（曽利29号住居址出土、曽利Ⅰ式、高さ21.5cm）。

また、別の解釈として、大型の香炉形土器は股間に相当する箇所が二次的に焦がされていることから、カグツチを生んだことによって陰を火傷した母神イザナミをあらわし、出土時に本体が倒れ首がみつからなかったのは、イザナキによって首をはねられたカグツチの姿とみることができる。一体にして、二神をあらわしていることが知れる。このようにみると、曽利二九号址は冥界分離、さらには火の起源神話の実演を終えた直後の情景とすることができよう。

作物化生神話

一九七四年、井戸尻遺跡群の西端にある坂上遺跡で土偶が出土した(図43)。右脚をいくらか欠くものの、基本とするところは全部そろっている。国宝土偶第一号となった茅野市棚畑遺跡の「縄文ビーナス」も完形品であるが、ふつう土偶は五体そろって出土することはない。頭、胴体、右腕、左脚といった部分でみつかることが多い(図44)。一遺跡そっくり発掘しても、その片割れがみつかることはきわめてまれである。

武藤はこうした出土状況に注目し、「炉辺夜話　八ヶ岳南麓中期縄文の衆」(『どるめん』五号、一九七五年)で「頭は頭、胴体は胴体、下は下というふうに別々の粘土の塊をつなぎ合わせ、木の芯棒を通してその上を塗り固めて焼いていて、それは予め、個々の部位にそって壊すことを目的にした製作法だ」と解説している。

また、藤森は「縄文の呪性」(『縄文農耕』)で「女神はその家の中で火から生まれ、そして、その家の中で殺される。そして永遠に産み続ける。それは、ちょうど「紀」の一書に曰くのウ

図 43 ● **両手を広げる土偶**（田枝幹宏氏撮影）
頭・上半身・下半身の3つに割られた状態で出土。右足のみ欠損（坂上遺跡出土、曽利Ⅲ式、高さ23cm）。

図 44 ● **欠けて出土する土偶**
それぞれ別個体の破片。乳房があらわされるなど女性像が多い（中原遺跡出土、新道式、頭部片：高さ5.5cm）。

ケモチノカミ、また一書のワカムスビ、「記」のオオゲツヒメなどとして描写されている農耕創始の、女神の虐殺された死体の穴から、五穀・食品の産まれてくるケースと全く同じである。」と論じる。

「記紀」の神話と似たような、殺された屍体から作物が発生するという神話は、インドネシアやメラネシア（ニューギニア周辺）、中南米に顕著に伝えられている。インドネシアやニューギニアの場合、そこからヤムイモやタロイモの類が化生するというもので、ハイヌウェレという主人公の少女の名をとって、ハイヌウェレ型神話として知られている。

神話学者の吉田敦彦は『縄文の神話』（青土社、一九八七年）のなかで、これらの神話を紹介しつつ、土偶の寸断されたありようや出土状況から、土偶に作物起源神話をみてとっている。さらに興味深いのは、民俗学者の大林太良《たりょう》が『神話の系譜』（青土社、一九八六年）のなかで「この死体化生（ハイヌウェレ）型の作物起源神話と、女性の体内から火が発生するという、火の起源神話の分布がほぼ一致していることは見逃せない。オホゲツヒメ神話やカグツチ神話の文化的基盤は、焼畑耕作文化ではないか」と指摘している。

土偶や香炉型土器は、これまでみてきた解釈にしたがえば、作物起源神話と火の起源神話を表徴する器物であり、これらの文化的基盤は焼畑耕作文化に由来しているということになろう。

富士眉月弧の提唱

こうして土器の図像や神話を眺めてくると、縄文中期に同じような土器文化、精神構造をもつ地域、つまり同一の世界観や神話伝承を共有する民族の広がりがはっきりと浮かび上がってくる。それは諏訪湖盆から天竜川上流域と松本平、八ヶ岳山麓から茅ヶ岳山麓、甲府盆地東南縁の曽根丘陵から笛吹川上流域、多摩川上流域から多摩丘陵をへて相模川流域にいたる地域である（図45）。

この範囲を鳥瞰すれば、左眼を富士、右眼を諏訪湖とみたて、両の眉を連ねたような弧形をなしている。いみじくも眉月《まゆづき》の形である。人面や土偶の眉の表現を重ねてみればいっそうはっきりするだろう。そこには水と火、陰と陽、日と月という観念が重層していることにも気づかれよう。

あらためてこの地域の特徴を記せば、同じような生産用具をもって雑穀農耕を営み、同じような土製容器をもち、太陰的世界観と神話を共有する山岳民族の割拠するところであった。そのなかにあって、ここ八ヶ岳南麓の井戸尻遺跡群は、その核となるもっとも重要な地、つまり井戸尻文化の発源地であっ

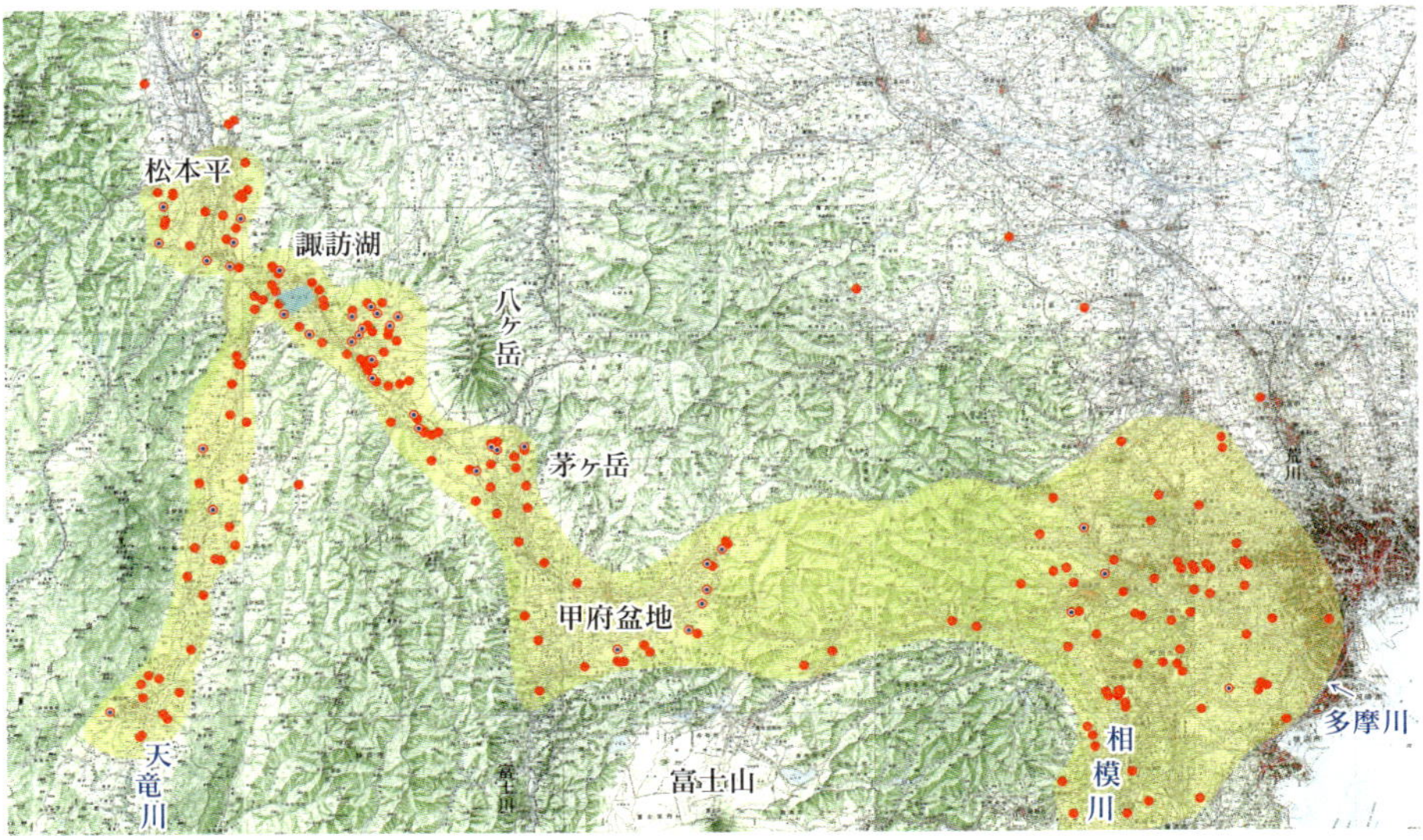

図45 ● 富士眉月弧
井戸尻文化の広がりを鳥瞰すると、富士山を左眼、諏訪湖を右眼に見立てて、両の眉を連ねた弧形をなしていることから、富士眉月弧とよんでいる（赤いドットは縄文中期の遺跡）。

たといえるだろう。

世界に目をむけると、農耕文化と深くかかわる場所には、地中海農耕文化のセンターとして「肥沃なる三日月地帯」があり、照葉樹林文化のセンターとして中国雲南省あたりを中心とする「東亜半月弧」がある。これらにならえば、この地域も新石器時代の一大文化センターであり、「富士眉月弧」とよぶことができよう。

3　高原の縄文王国収穫祭

図像学から「くく舞い」へ

二〇〇〇年一〇月二七日、地元をはじめ各種団体の協力のもと「高原の縄文王国収穫祭」が計画された。それにむけて、収穫祭なら神事をやろう。祝詞をあげるわけにもいかないから、「記紀」の国生み神話の一節を読み上げたらどうか。踊りもほしいなどの案が出て、小林が先導して土器の図像をもとにしたストーリー性のある「舞い」が完成したのだった。主たるテーマは栽培作物の起源神話である。「記紀」神話の一節を祝詞ふうに語り、播種から収穫までの所作を演じたのち、土偶を寸断して、大地にばらまき、その再生力を借りて発芽させる。それに続いて「くく舞い」の披露である。土笛、竹鼓、竹筒を奏でて、神々そして来園者と共演し、濁り酒を大地に奉げて終える（図46）。

『古事記』や『万葉集』では、ヒキガエルのことを「たにぐく」と表現している。ベトナムでは「コク」、オーストラリアのグルナイ族の洪水神話において主役をなす巨大な蛙は「ダク」とよばれている。古語でいうところの「くく」をあてて「くく舞い」とよぶことにしたのである。こうして井戸尻文化を継承するツールを手に入れたのだった。

文化継承の種を蒔く

この高原の縄文王国収穫祭は、二〇二三年の節目を終えたばかりだが、地元をはじめ町内のさまざまな団体の協力によって支えられ、井戸尻考古館らしい手づくり感のある収穫祭だと好評をえている。こうした町民との一体化した活動が地域を活性化させ、地域に残る伝統文化の継承や産業振興にも影響を与えている。ひいては、井戸尻文化を学ぶ場であり、遺跡の保護や活用の起爆剤となっている。近年は、都会の舞踏団体や音楽演奏家らが来園し、井戸尻の地で活動の成果を披露させてほしいとここ井戸尻につどい、交流を深めている。井戸尻文化を核として、地域づくりと外との交流が進んでいるのである。

図46●「高原の縄文王国収穫祭」での「くく舞い」
土器図像や土偶のポーズを編成して、一連の動作に仕立てた。

おもな参考文献

井戸尻遺跡保存会『井戸尻遺跡保存会の記録』二〇〇八
井戸尻考古館・田枝幹宏『八ヶ岳縄文世界再現』新潮社　一九八八
井戸尻考古館・富士見町教育委員会『藤内―藤内遺跡出土品重要文化財指定記念展―』二〇〇二
井戸尻考古館・富士見町教育委員会『井戸尻考古館建館三十周年記念講演録集』二〇〇五
井戸尻考古館・富士見町教育委員会『井戸尻発掘五十周年記念講演録集』二〇〇九
N・ネフスキー、岡正雄編『月と不死』平凡社　一九七一
大林太良『神話の系譜』青土社　一九八六
小林公明「新石器的石器の製作技術」『季刊考古学』三五号　一九九一
小松隆史『藤内遺跡出土品重要文化財指定記念展「甦る高原の縄文王国」講演録集』二〇〇三
田中基「地平線上の世界魚」縄文造形研究会編『縄文図像学1　表象の起源と神話像』言叢社　一九八四
田中基「メデューサ型ランプと世界変換―曽利二九号の家に集まった人々の世界像について―」『山麓考古』一五号　一九八二
戸沢充則「考古地域史の構想」『信濃』四四―七　一九九二
鳥居龍蔵『諏訪史』第一巻　一九二四
長野県教育委員会『長野県中央道埋蔵文化財包蔵地発掘調査報告書　茅野市・原村その1　富士見町その2』一九七四
長野県教育委員会『長野県中央道埋蔵文化財包蔵地発掘調査報告書　諏訪市その3』一九七五
富士見町教育委員会『曽利　第三・四・五次発掘調査報告書』一九七八
富士見町教育委員会『唐渡宮』一九八八
富士見町教育委員会『富士見町史　上巻』一九九一
富士見町教育委員会『藤内』二〇一一
富士見町教育委員会『富士見町の遺跡』二〇一五
藤森栄一「日本原始陸耕の諸問題」『歴史評論』四―四　一九五〇
藤森栄一『縄文農耕』学生社　一九七〇
藤森栄一「器具の発展について」『藤森栄一全集』一五巻　学生社　一九八五
藤森栄一編『井戸尻―長野県富士見町における中期縄文時代遺跡群の研究―』中央公論美術出版　一九六五
藤森栄一・武藤雄六「八ヶ岳南麓における縄文中期土器の編年（上・下）」『日本考古学協会大会発表要旨』三一　一九六四
藤森栄一・武藤雄六「信濃境曽利遺跡発掘調査報告」『長野県考古学会誌』創刊号　一九六四
武藤雄六「炉辺夜話　八ヶ岳南麓中期縄文の衆」『どるめん』五号　一九七五
松谷暁子「エゴマ・シソ」『縄文文化の研究2　生業』一九八三
宮本常一「山と人間」『民族学研究』三二―四　一九六八
八幡一郎「勝坂式文化圏の中心」『信濃』一六―五　一九六四
吉田敦彦『縄文の神話』青土社　一九八七

井戸尻考古館

・長野県諏訪郡富士見町境7053
・電話　0266（64）2044
・開館時間　9：00〜17：00
・休館日　月曜日、祝日の翌日、年末年始（祝日は開館、月曜日が祝日の場合は開館、その翌日休館）

井戸尻考古館

・入館料　300円、小中学生150円
・交通　JR中央本線信濃境駅下車徒歩15分。車で中央自動車道小淵沢ICより信濃境方面へ6キロ（約15分）。

一九五八年に調査した井戸尻遺跡をはじめ、曽利・藤内・九兵衛尾根など井戸尻遺跡群から出土した石器や土器を展示、その用途や移り変わりを知ることができる。なかでも重要文化財に指定された藤内遺跡の出土品や長野県宝に指定された曽利遺跡出土の水煙渦巻文把手付深鉢は必見。豪放華麗な土器の精神世界や人びとのくらしの実態についてわかりやすく解説している。

また敷地内では、下伊那郡遠山郷で入手した雑穀（シコクビエ・アワ・キビ・土ビエ）などを播種し、石器を使って、耕起から収穫までの作業の実証実験をしている圃場がある。

井戸尻史跡公園

・井戸尻考古館に隣接
・無料開放

一九六六年に国指定史跡に指定された井戸尻遺跡周辺を整備した史跡公園。まわりには田園が広がり、眼前に甲斐駒ヶ岳や富士山を眺望できる風光明媚な場所である。尾根の東側には、井戸尻の名前の由来となった泉がいまもコンコンと湧き出ている。毎年、一〇月には「高原の縄文王国収穫祭」が開催され、町内外からの来園者で賑わいをみせている。

井戸尻史跡公園

遺跡には感動がある

――シリーズ「遺跡を学ぶ」刊行にあたって――

「遺跡には感動がある」。これが本企画のキーワードです。

あらためていうまでもなく、専門の研究者にとっては遺跡の発掘こそ考古学の基礎をなす基本的な手段です。また、はじめて考古学を学ぶ若い学生や一般の人びとにとって「遺跡は教室」です。

日本考古学では、もうかなり長期間にわたって、発掘・発見ブームが続いています。そして、毎年厖大な数の発掘調査報告書が、主として開発のための事前発掘を担当する埋蔵文化財行政機関や地方自治体などによって刊行されています。そこには専門研究者でさえ完全には把握できないほどの情報や記録が満ちあふれています。しかし、その遺跡の発掘によってどんな学問的成果が得られたのか、その遺跡やそこから出た文化財が古い時代の歴史を知るためにいかなる意義をもつのかなどといった点を、莫大な記述・記録の中から読みとることははなはだ困難です。ましてや、考古学に関心をもつ一般の社会人にとっては、刊行部数が少なく、数があっても高価なその報告書を手にすることすら、ほとんど困難といってよい状況です。

いま日本考古学は過多ともいえる資料と情報量の中で、考古学とはどんな学問か、また遺跡の発掘から何を求め、何を明らかにすべきかといった「哲学」と「指針」が必要な時期にいたっていると認識します。

本企画は「遺跡には感動がある」をキーワードとして、発掘の原点から考古学の本質を問い続ける試みとして、日本考古学が存続する限り、永く継続すべき企画と決意しています。いまや、考古学にすべての人びとの感動を引きつけることが、日本考古学の存立基盤を固めるために、欠かせない努力目標の一つです。必ずや研究者のみならず、多くの市民の共感をいただけるものと信じて疑いません。

二〇〇四年一月

戸沢充則

著者紹介

樋口誠司（ひぐち・せいし）

1957年、長野県諏訪郡富士見町生まれ。

東海大学文学部史学科東洋史専攻卒業。

前井戸尻考古館館長。

主な著作　「母体としての住居」（『DORMEN』再刊1号）、「土器に描かれた絵画と土偶と土版と」（『光の神話考古』）、「大地の月」（『山麓考古』17号）、「柄鏡形住居の世界観」（『山麓考古』18号）、「紅山文化の旅」（『山麓考古』19号）ほか。

写真提供
図12・23以外は井戸尻考古館（図7・8・9・10：武藤盈氏撮影／図15・17・24・25・26・28・31・32・33・38・39・41・43：田枝幹宏氏撮影／図18土器：小川忠博氏撮影）
図23：遠山郷観光協会

図版出典・提供（一部改変）
図2：茅野市教育委員会『棚畑』1990／図3：八幡一郎 1964／図5：富士見町教育委員会 2015／図9・14：藤森栄一編 1965／図11：藤森栄一・武藤雄六 1964／図16・19・24・25・26：富士見町教育委員会 1991／図21・22・45：井戸尻考古館（国土地理院20万分の1地勢図）

上記以外は著者

シリーズ「遺跡を学ぶ」170

縄文の山岳農耕民　井戸尻《いどじり》遺跡群

2025年 3月 20日　第1版第1刷発行

著　者＝樋口誠司

発　行＝新 泉 社
東京都文京区湯島1－2－5　聖堂前ビル
TEL 03（5296）9620／FAX 03（5296）9621
印刷・製本／三秀舎

ISBN978－4－7877－2340－6　C1021

シリーズ「遺跡を学ぶ」

04 原始集落を掘る 尖石遺跡〔改訂版〕 勅使河原彰 1700円＋税

71 国宝土偶「縄文ビーナス」の誕生 棚畑遺跡 鵜飼幸雄 1500円＋税

78 信州の縄文早期の世界 栃原岩陰遺跡 藤森英二 1500円＋税

110 諏訪湖底の狩人たち 曽根遺跡 三上徹也 1600円＋税

120 国宝土偶「仮面の女神」の復元 中ッ原遺跡 守矢昌文 1600円＋税

146 大配石と異形の土偶 金生遺跡 新津健 1600円＋税

154 八ヶ岳を望む縄文集落の復元 梅之木遺跡 佐野隆 1600円＋税

別冊01 黒耀石の原産地を探る 鷹山遺跡群〔改訂版〕 黒耀石体験ミュージアム 1500円＋税